JEAN-PAUL SARTRE

LES JEUX SONT FAITS

edited by

MARY ELIZABETH STORER

Beloit College

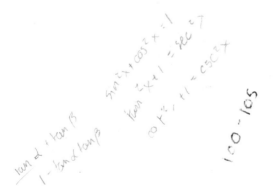

PRENTICE HALL, Upper Saddle River, NJ 07458

Printed in the United States of America

ISBN: 0-13-530675-2

45 44 43

Authorized edition through arrangement with
Les Editions Nagel, the original publisher

Prentice-Hall International (UK) Limited,London
Prentice-Hall of Australia Pty. Limited, Sydney
Prentice-Hall Canada Inc., Toronto
Prentice-Hall Hispanoamericana, S.A., Mexico
Prentice-Hall of India Private Limited, New Delhi
Prentice-Hall of Japan, Inc., Tokyo
Pearson Education Asia Pte. Ltd., Singapore
Editora Prentice-Hall do Brasil, Ltda., Rio de Janeiro

PREFACE

Surprisingly enough, except for extracts or short stories inserted in various textbooks, Jean-Paul Sartre's works are unknown to the average American student of French. Although not overcharged with philosophical ideas, *les Jeux sont faits,* written in remarkably simple language, will furnish the young French student with an easily accessible and interesting introduction to the much discussed existentialist movement—to which no Frenchman today remains indifferent—as well as to its most brilliant exponent.

Thanks are due to M. Jean-Paul Sartre and to the publisher, Nagel, whose gracious coöperation has made possible an American textbook edition of *les Jeux sont faits,* as well as to the late Dean Christian Gauss, of Princeton University, for valuable suggestions regarding the preparation of this edition.

The text is given in entirety, with no alterations.

M.E.S.

INTRODUCTION

Jean-Paul Sartre[1] is the leader of the young French writers who represent the philosophical movement known as existentialism, or the study of the problem of existence. Having some of its roots in Greek thought, this philosophy has been developed in its various phases in the XIXth century by the Danish philosopher Kierkegaard, more recently by the German philosophers Jaspers, Husserl and Heidegger, and in France chiefly by Sartre, and, in certain aspects, by Albert Camus, Simone de Beauvoir, and Gabriel Marcel. Wide differences of concept are represented by the Christian existentialism of Kierkegaard, Jaspers and Marcel and the atheistic existentialism of Heidegger and Sartre.

Sartre owes his immense popularity, which has developed rapidly since the early 40's, first to his powers of expression in an exceedingly wide variety of areas—novel, theatre, philosophy, essay, literary criticism, political thought[2]—and secondly to the timeliness of his philosophy, which represents a

---

[1] Jean-Paul Sartre was born in Paris in 1905. A brilliant student at the *Ecole normale supérieure,* he obtained first place in the difficult competitive examinations of the *agrégation* in 1929, early interested himself in philosophical studies, and has been until recently a professor of philosophy, first in a *lycée* at Le Havre, later in the Lycée Condorcet in Paris. He now devotes himself entirely to writing. After a few months as a prisoner of war, he played an active rôle in the Resistance. His sojourn in the United States in January and February of 1945 impressed him favorably, and, in contrast with most French intellectuals, he learned to like New York. See his essay on "New-York, ville coloniale," in *Situations,* III, pp. 113-124.

[2] Besides the works mentioned in the course of this study, note the following: *le Mur,* a collection of stories dealing with the war, published in 1939; his essay on *Baudelaire,* 1947; the three volumes of literary criticism and essays, *Situations,* published between 1947 and 1949; his *Entretiens sur la politique,* published in collaboration with David Rousset and Gérard Rosenthal; and finally the existentialist review, *les Temps modernes,* established in October, 1945, of which he is the director.

revolt against radical predestination, a doctrine difficult to uphold in a disorganized world. His philosophical treatises include such titles as *Esquisse d'une théorie des émotions,* published in 1939, *l'Imaginaire, psychologie-phénoménologique de l'imagination,* 1940, *l'Existentialisme est un humanisme,* 1946, and the ponderous and dense 700-page *l'Être et le néant,* which had run through twenty editions by 1949. However the general public is familiar with his existentialism not primarily through these works, but rather through his plays and novels, which effectively illustrate his philosophical ideas.

Here are the main points of Sartrian existentialism:

Existence, the most important problem confronting man, precedes essence. Unlike an inanimate object, the essence of which exists in the artisan's mind before he creates it, the essence of man does not exist before he is created. It is man himself who must create his own essence, and this at each moment of his life. Therefore, in order to create his essence, man must be completely free, even though he may not always be conscious of this freedom.[3] Since man is free to create his own destiny, he acts without guidance, moving in a sordid, obscure world. Hence he is responsible for his actions and has an immense responsibility towards humanity, as each of his acts engages him and engages humanity. Man is called

---

[3] Some critics, and indeed Sartre himself (in his forty-page introduction to his *Descartes* texts, Paris, 1944) have pretended that Descartes is an ancestor of existentialism. Yet, while both admit man's primitive intuition of liberty, their conception of it is fundamentally different. Sartre sees in it the prime condition of action, whereas Descartes starts from a contemplation of the infinity of man's will, which links man to God, and from which he gains an intuitive faith in God. He believes in God-created essences, man's adherence to which is the only conceivable basis for his freedom, while Sartre denies the existence of preëstablished essences, hence denies the existence of God. See John Boorsch's penetrating study, "Sartre's View of Cartesian Liberty," in *Yale French Studies,* Spring-Summer, 1948, pp. 90-96.

upon to live dangerously. But his liberty is given to man for no purpose, since life has no meaning, and death, which is the contradiction of reason, is an absurdity. Yet man must act ceaselessly in order to realize existence, and this saves Sartre's existentialist philosophy from absolute pessimism.

These rather abstract ideas will be clarified and enlarged as we examine Sartre's various literary works.

"Tout existant naît sans raison, se prolonge par faiblesse, et meurt par rencontre," declares Sartre in *la Nausée* (p. 174), a novel dating from 1938, which contains the earliest fairly elaborate expression of his existentialist doctrine. The hero, Antoine Roquentin, is overcome with nausea as he becomes conscious of his existence and as he discovers that all existence is inexplicable, absurd and useless. When the gnarled roots of trees suddenly appear to him as slimy, shiny animals and the banal park of Bouville[4] under his gaze begins to swell and writhe, the world becomes a "larve coulante" (p. 175), and he arrives at an overwhelming sense of too many existing things and of being himself "de trop" in the world, "de trop" for eternity. Note his reaction to his discovery of what existence now means to him:

"Jamais avant ces derniers jours," he declares (pp. 166-168), "je n'avais pressenti ce que voulait dire 'exister.' J'étais comme les autres, comme ceux qui se promènent au bord de la mer dans leurs habits de printemps. Je disais comme eux 'la mer est[5] verte; ce point blanc, là-haut, *c'est* une mouette,' mais je ne sentais pas que ça existait, que la mouette était une 'mouette-existante'; à l'ordinaire l'existence se cache. Elle est là, autour de nous, en nous; elle est *nous,* on ne peut pas dire deux mots sans parler d'elle et, finalement, on ne la touche pas. Quand

---

[4] Bouville (la **boue**, mud) is the name given by Sartre to Le Havre, in memory of dreary years spent there as a *lycée* professor.

[5] The italics throughout this quotation are Sartre's.

je croyais y penser, il faut croire que je ne pensais rien, j'avais la tête vide, ou tout juste un mot dans la tête, le mot 'être.' Ou alors je pensais... comment dire? Je pensais l'*appartenance,* je me disais que la mer appartenait à la classe des objets verts ou que le vert faisait partie des qualités de la mer. Même quand je regardais les choses, j'étais à cent lieues de songer qu'elles existaient: elles m'apparaissaient comme un décor. Je les prenais dans mes mains, elles me servaient d'outils, je prévoyais leurs résistances. Mais tout ça se passait à la surface. Si l'on m'avait demandé ce que c'était que l'existence, j'aurais répondu de bonne foi que ça n'était rien, tout juste une forme vide qui venait s'ajouter aux choses du dehors, sans rien changer à leur nature. Et puis voilà: tout d'un coup, c'était là, c'était clair comme le jour: l'existence s'était soudain dévoilée. Elle avait perdu son allure inoffensive de catégorie abstraite: c'était la pâte même des choses, cette racine était pétrie dans l'existence. Ou plutôt la racine, les grilles du jardin, le banc, le gazon rare de la pelouse, tout ça s'était évanoui; la diversité des choses, leur individualité n'étaient qu'une apparence, un vernis. Ce vernis avait fondu, il restait des masses monstrueuses et molles, en désordre — nues, d'une effrayante et obscène nudité.

...Tous ces objets... comment dire? Ils m'incommodaient; j'aurais souhaité qu'ils existassent moins fort, d'une façon plus sèche, plus abstraite, avec plus de retenue. Le marronnier se pressait contre mes yeux. ...*De trop,* le marronnier, là en face de moi un peu sur la gauche...

Et *moi* — veule, alangui, obscène, digérant, ballottant de mornes pensées—*moi aussi j'étais de trop* ...Je rêvais vaguement de me supprimer, pour anéantir au moins une de ces existences superflues. Mais ma mort même eût été de trop. De trop, mon cadavre, mon sang sur ces cailloux, entre ces plantes, au fond de ce jardin souriant... j'étais de trop pour l'éternité."

To one of his critics[6] this evolution of stable, inanimate objects into living entities appears to be the chief contribution of the Sartrian novel, and certainly of *la Nausée*. Eventually the hero appears to find relief from the absurdity of human existence through music, but in the succeeding works, Sartre renounces such an esthetic escape, and seeks a solution in a metaphysical concept of liberty. In fact, liberty becomes henceforth the foundation of his philosophy of existence. Every being is absolutely free to determine his own destiny, which to Sartre means that he is free to choose how he will react to his destiny, whether with resignation or with revolt. Existence continues to be for Sartre meaningless and absurd, but his philosophy falls short of total pessimism since he considers that the dignity of an individual resides in his complete independence of action. Sartre does not believe that a workman has the power to become a bourgeois, nor an incurably ill person well, but that a wretched or ill person is free to choose how he will accept an unavoidable situation. In his pursuit of freedom, man is furthermore without guidance or support, he must grope entirely unaided by any light in the darkness of a stupid and senseless world, hence his feeling of anguish and despair. His despair and anguish are all the greater as he realizes that each of his acts involves not only himself, but also all of humanity, hence his overwhelming feeling of responsibility. "L'homme condamné à la liberté," declares Sartre in *l'Etre et le néant*, "porte sur ses épaules le poids de l'univers." By virtue of his complete liberty of action, man becomes a god. The fact that man exists means that he is a creator, an idea pushed to its extreme

[6] Jean-Louis Curtis, *Haute école, essai*, Paris, 1950.

limits in Sartre's latest play, *le Diable et le bon Dieu,* in which a XVth century German tyrant, Gœtz, having first tried to distinguish himself from the masses by his cruelty, then by caprice playing a rôle as benefactor to man, without success, decides that God is completely uninterested in him and that he even does not exist, that in fact man exists only on the condition of God's nonexistence.[7] Yet man is a slave to his liberty, since he cannot relinquish it if he wishes. Because Sartre denies the existence of love and beauty and justice, he denies the possibility of man's ascension through justice or beauty or love. His world is ugly, peopled with beings who are a prey to unworthy passions, morally ill, moving in a sordid atmosphere.

Thus Sartre's doctrine presents itself as a violent reaction to the complacent literature and philosophy of idealism which suddenly became outmoded when the world crisis rudely awakened young writers to the necessity of treating of war and death. As he himself declared in *Situations,* II (p. 326, note 9), "...il nous a fallu, pour nous découvrir, l'urgence et la réalité physique d'un conflit." Note also the vigorous pages in *"la République du silence"* (*Situations,* III, pp. 11-12), inspired by personal experience in the Resistance:

"Les circonstances souvent atroces de notre combat nous mettaient enfin à même de vivre, sans fard et sans voile, cette situation déchirée, insoutenable qu'on appelle la condition humaine. L'exil, la captivité, la mort surtout que l'on masque habilement dans les époques heureuses, nous en faisions les objets perpétuels de nos soucis, nous apprenions que ce ne sont pas des accidents évitables, ni même des me-

---

[7] In *les Nouvelles littéraires,* 14 juin 1951, Gabriel Marcel points out the serious faults of this play overcharged with philosophical ideas, some of which are needlessly shocking.

naces constantes mais extérieures: il fallait y voir notre *lot,* notre destin, la source profonde de notre réalité d'homme; à chaque seconde nous vivions dans sa plénitude le sens de cette petite phrase banale: 'Tous les hommes sont mortels.' "

To appreciate fully Sartre's theory of the writer's privileges and duties in present-day France, one should read in entirety his *Situations*, II, from which come these significant passages:

"Puisque l'écrivain n'a aucun moyen de s'évader, nous voulons qu'il embrasse étroitement son époque; elle est sa chance unique: elle s'est faite pour lui et il est fait pour elle... Nous ne voulons rien manquer de notre temps: peut-être en est-il de plus beaux, mais c'est le nôtre; nous n'avons que *cette* vie à vivre, au milieu de *cette* guerre, de *cette* révolution peut-être." (pp. 12-13)

"...dès à présent nous pouvons conclure que l'écrivain a choisi de dévoiler le monde et singulièrement l'homme aux autres hommes pour que ceux-ci prennent en face de l'objet ainsi mis à nu leur entière responsabilité... la fonction de l'écrivain est de faire en sorte que nul ne puisse ignorer le monde et que nul ne s'en puisse dire innocent." (p. 74)

"...nous estimons que l'écrivain doit s'engager tout entier dans ses ouvrages, et non pas comme une passivité abjecte, en mettant en avant ses vices, ses malheurs et ses faiblesses, mais comme une volonté résolue et comme un choix, comme cette totale entreprise de vivre que nous sommes chacun." (p. 84)

"Le destin de nos œuvres elles-mêmes était lié à celui de la France en danger: nos aînés écrivaient pour des âmes vacantes, mais pour le public auquel nous allions nous adresser à notre tour, les vacances étaient finies: il était composé d'hommes de notre espèce qui, comme nous, attendaient la guerre et la mort. A ces lecteurs sans loisirs, occupés sans relâche par un unique souci, un unique sujet pouvait convenir: c'était de leur guerre, de leur mort que nous avions à écrire. Brutalement réintégrés dans l'histoire, nous étions acculés à faire une littérature de l'historicité.

Mais ce qui fait, je crois, l'originalité de notre position, c'est que la guerre et l'occupation, en nous précipitant dans un monde en fusion, nous ont fait, par force, redécouvrir l'absolu au sein de la relativité même." (pp. 244-245)

Thus the Second World War hastened the development of Sartre's pessimistic doctrine, yet it did not, as some critics have believed, mark its starting point. We have seen that *la Nausée,* for example, dating from 1938, contains certain important elements of his philosophy. Indeed the first expression of existentialist thought in France goes back as far as 1927, with the publication of Gabriel Marcel's *Journal métaphysique,* some entries of which date from 1914. It was, then, the disaster of the First World War which gave the original impetus to the philosophy of despair expressed in existentialism.

That Sartre feels it his duty to adopt a pessimistic doctrine is illustrated in the play, *les Mouches,* where Jupiter cries that in opening the eyes of the people of Argos, Orestes has not brought them happiness, he has only shown them their existence, "leur obscène et fade existence, qui leur est donnée pour rien" and Orestes retorts that he has not the right to refuse them their despair. "Ils sont libres," he declares, "et la vie humaine commence de l'autre côté du désespoir." Sartre's philosophy in general shakes us out of easy complacency and we begin to live only after we fully comprehend the extent of human misery.

The powerful drama, *les Mains sales,* first produced at the Théâtre Antoine on April 2, 1948, played in New York under the title, *Red Gloves,* is a study of purity of intentions in politics, as is indicated by the quotation from Saint-Just on the band, "Nous pouvons construire à la liberté un temple ou un tombeau des mêmes pierres." The action takes place in Illyria, soon after the Russian victory at Stalingrad during the Second World War. Certain members of the Communist Party wish to liquidate their chief, Hœderer, whom they accuse of collaborating with the non-Communist leaders of the resistance to the occupying German forces; and Hugo, a young intellectual who has been drawn into the Party, under suspicion by his comrades because he has never been hungry, asks for the privilege of committing the murder to prove himself worthy of the Party. Living day by day with the chief as his secretary, he comes to admire him as a man, and kills him only when he discovers him embracing his (Hugo's) pretty, spoiled wife. Thus, uncertain whether he has killed Hœderer as an enemy of the Party or from personal jealousy, he is tortured by doubt as to the purity of his intentions. When Olga, a violent, unfeminine Communist, in love with Hugo, explains that orders from Russia oblige the Party now to follow the conciliatory course of action advocated by Hœderer, who has therefore become a martyr, Hugo delivers himself to the Party to be killed. He prefers to die rather than to live with dirty hands. His cry, "Non récupérable!" ends the play.

We see that the problem of man's liberty, which constantly preoccupies Sartre, is present in *les Mains sales*. Hugo, a rich man's son, allows himself to be enslaved by his past, which constitutes a barrier between him and his comrades, and, a typical Sartrian character, he suffers from the solitude created by this separation, and from the feeling of being superfluous, of not belonging. He is a sorry figure, lacking the force of character to recognize and accept the liberty of action which is his. In spite of the sympathetic picture of almost all the Communist characters — Hœderer is a forceful person who knows what course of action he wants to pursue and at what risks — the play presents nevertheless a strong attack on Communism, as was clearly manifested by the hostile reaction of the extreme leftist papers to the play. Sartre cannot but oppose Communism, which deprives man of his only sure possession, of his only reason for being — liberty of thought and action.[8]

Any possible doubts as to Sartre's position as a writer vis-à-vis Communism are dissipated by certain vigorous passages of *Situations,* II (see especially pp. 272-289), where he declares that "la politique du communisme stalinien est incompatible avec l'exercice honnête du métier littéraire" (p. 280). At the same time, he believes that the fate of literature is linked to that of the working classes, and therefore that it can flourish today only in a socialist society.

Social upheaval also preoccupied Sartre in the scenario, *l'Engrenage,* which, written in 1946 and originally entitled *les Mains sales,* is an altogether different work from the play which inherited its title two years later. It is nevertheless likewise a study in purity of intentions, in which the hero, Jean Aguerra, leader of the Socialist Party, finds it impossible to keep his hands pure when furthering the cause of his Party. Thus he is accused of tyranny, of causing the death of friends thought to be traitors, later proved innocent, of industrializing agriculture prematurely, of quelling peasant revolts by violent means, and of failing to wrest the petroleum industry from foreign powers. He alone realizes that the country is not ready for certain reforms, that the Revolutionary cause would be lost if he did not conciliate the nation's powerful

[8] His interest in the Communist question is further shown in his preface to the book by Louis Dalmas, *le Communisme Yougoslave depuis la rupture avec Moscou,* Paris, 1950.

neighbors, that it was necessary to await the coming conflict (of 1939) to liberate the country from foreign domination of the petroleum industry. He has not been able to avoid violence, and all have deserted him; only at the end does the woman he loves understand the purity of his intentions. His successor will of necessity become in his turn a tyrant and will follow the same course of action as that of the chief whom he has had assassinated.

Les Mouches, Sartre's first and probably his best play, is again eminently a study of the problem of man's liberty. It is the story of Orestes, who returns to Argos several years after Ægisthus, Clytemnestra's lover, had married her, having killed her husband, the king Agamemnon. In order to keep under his control the people of Argos, Ægisthus had invented the myth that the gods pardon those who admit their guilt; thus the whole city delights in Ægisthus's crime as in its own real or imaginary crimes, and the dead supposedly return once a year to visit the guilty, who are constantly tormented by swarms of flies. The flies, or the Erynnies, represent their conscience, or the punishment of the gods, or the abnegation of their liberty, a liberty of which they are ignorant. Orestes's sister, Electra, has until now remained free, for she is not a victim of this myth. Ægisthus and Clytemnestra, on the contrary, become a prey to their own invention, whereas Orestes murders Ægisthus and the queen his mother in order that, by his crime, he may acquire *droit de cité* in his native Argos, where the innocent are strangers. He defies the gods, for he refuses to be repentant, thus becoming Jupiter's rival, for Jupiter has no power over a mortal who has become master of his liberty. "Quand une fois la liberté a explosé dans une âme d'homme," confesses Jupiter, "les Dieux ne peuvent plus rien contre cet homme-là" (Acte II, tableau II, sc. 5). Orestes, taunting Jupiter after his crime, declares to

him, "Je suis condamné à n'avoir d'autre lois que la mienne
...je suis un homme, Jupiter, et chaque homme doit inventer
son chemin." (Acte III, sc. 2) Thus, by his crime, which has
not been motivated by a desire for personal vengeance,
Orestes has freed the city of the tyranny of the gods and of
their remorse, and as he leaves the scene at the end of the play
he draws the flies after him, as the flute player of Scyros had
drawn the rats.

First performed during the occupation, *les Mouches* had
for the French a political significance which to their great
delight passed unnoticed by the enemy: defiance of the op-
pressor, whose power lay in the superstitious fear of the
oppressed, servile Argos drunk with the odor of its sin
evoking Vichy. Today it has lost its political import, and
simply represents revolt against all authority which depends
upon ignorance of the masses.

In *Huis clos,* Sartre accomplishes the miracle of illustrating
some of his most abstract philosophical ideas in a brilliant
and dynamic dramatic form. Garcin, a deserter in the Mexi-
can revolution, Inès, a perverted woman, and Estelle, an in-
fanticide, find themselves in a Second Empire room, which
has no windows, the door to which is practically always
closed, where one has no eyelids to shut out the eternal light.
Not immediately do we realize that this Second Empire
room is Hell, nor do we, any more than the three characters,
understand why Hell is thus constituted. Gradually we and
they learn that they are peculiarly suited to create each
other's Hell, a Hell from which they cannot escape for a
single instant by any of the subterfuges accessible to living
beings. They run through the gamut of human passions,
with all the possible combinations of jealousy and intimacy,
in an effort to escape, reaching finally a paroxysm of hatred,
when Estelle tries to kill Inès. They discover, however, that

it is too late; this has already been done. "Continuons!" cries Garcin, and that precisely is all there is left to do.

As has been pointed out by Robert Campbell in his admirable study, *Jean-Paul Sartre ou une Littérature philosophique* (3e édit., Paris, 1947), the dramatist has here succeeded in presenting his highly abstract idea of the two sorts of personality on which his ontological theory is based: on the one hand, the *en-soi,* or the personality which is incapable of change, and which represents what the characters were on the earth, now forever unchangeable, and on the other hand, the *pour-soi,* which is personality constantly capable of evolution, represented by ordinary persons in a Second Empire drawing-room. As a *pour-soi,* Garcin is not necessarily or permanently a coward in the eyes of Inès and Estelle, and he has the possibility of proving the purity of his intentions as a deserter. Near the end of the play, his often repeated prayer for the door to open is answered, yet Garcin does not pass through the door, for to escape would mean that he would be eternally uncertain of his comrades' opinion of him; also he would cease to be *pour-soi* and would become *en-soi,* that is, his personality, henceforth incapable of evolution or change, would become static. Thus the three continue their Hell, and for Sartre, Hell is the eternal return of the same temptations, of the same problems. Yet for Garcin, and for Sartre, continuation is preferable to all else; continuation is liberty, and liberty is, we have been told, man's only possession. For Sartre, existence means transcendency or liberty. Existence, as we have seen, precedes essence (for example, we *are* before we *are cowardly*); liberty is the faculty which one may possess as being the foundation of one's own being (*pour-soi*), all of which we have found illustrated in *Huis clos.*

As Jean Wahl has indicated in his valuable study, *Esquisse pour une histoire de l'existentialisme* (l'Arche, Paris, 1949), a certain contradiction exists in Sartre's philosophy when he characterizes being as having the two forms, first, that of *en-soi,* which is always identical to itself; secondly, that of *pour-soi,* which represents constant movement. When Sartre appears to make the *en-soi* of first importance in his philosophical thought, he classes himself as a realist and a pessimist, but when he gives the *pour-soi* primacy, he becomes an idealist. This contradiction seems to be a distinguishing characteristic of the Sartrian philosophy at present, out of which may evolve later a unifying thought. For the moment, if ontology is the philosophy of a unique being, one may wonder whether Sartre's dual conception of being can be called an ontology.

Mort sans sépulture presents the problem of man's reaction to torture. A group of resistants represent various situations: Canoris, an aged Greek who has already proved his ability to withstand torture; Sorbier, a frail young man who fears suffering but not death; a young lad who the others are afraid will betray their cause; Lucie, in love with the chief whose hiding place their torturers wish the resistants to reveal; Henri, a medical student who is jealous of their chief because he also is in love with Lucie. At the moment when his will power is on the point of breaking, Sorbier saves his honor by jumping through the window to his death, and Henri and Canoris strangle the lad who is about to yield, preferring to save the life of sixty resistants rather than that of one individual. (We have found a similar theme in *les Mouches,* but more vigorously expressed here in terms still vivid to all Frenchmen.) By a trick of their leader, who had been captured by chance and led into the same prison room, and who had then escaped, the prisoners can choose to lie and be saved from torture and death. Lucie chooses death because she has come out of the trial a heroine and is not sure of remaining such; for her, the *en-soi* is a reassuring and satisfying condition of being, and she is afraid of what her *pour-soi* might become. Henri makes the same choice in order to be freed from the torments of his conscience regarding the death of the youth. Canoris alone has the courage to continue, and is therefore alone a hero. In his clever analysis of the play, Campbell points out that for a Heideggerian, death would be the inevitable choice, as life for a Sartrian hero. In fact, for Heidegger, man is fundamentally an *être-pour-la-mort,* who has liberty only when he assumes death, hence death is the logical end of man and the full realization of his being. To this doctrine, Sartre opposes the idea that, purely accidentally and without reason, death puts an end to existence, and since existence is fundamentally expectation, having as a consequence the characteristic of never being finished nor arrested, death becomes an absurdity and a total negation of one's possibilities.[9] Thus, as Canoris explained to his companions, by his death Henri would remove forever the possibility of knowing that patriotism had inspired his act and Lucie likewise would leave uncertain her capacity for heroism. Once more, as in *Huis clos,* continuation proves to be a necessary adjunct to liberty. Persuaded by Canoris, all then finally choose life, as they can appear to reveal secrets without betraying their leader, but although the Germans had promised them life if they talked, a soldier kills them by caprice and so they die "par-dessus le marché," well illustrating again the Sartrian idea that "tout existant naît sans raison, se prolonge par faiblesse et meurt par rencontre."

The novel, *les Chemins de la liberté,* three volumes of which have appeared since 1945 (*l'Age de raison, le Sursis* and *la Mort dans l'âme*), and to which a fourth will be

[9] For a further discussion of this question, see Régis Jolivet, *le Problème de la mort chez MM. Heidegger et Jean-Paul Sartre,* Saint-Wandrille, 1950.

added, has raised a storm of protest from Sartre's many adversaries and high praise from his admirers. The title indicates sufficiently the presence of the ever-important idea of liberty, which, in fact, is the unique aim of the hero, Mathieu, a professor of philosophy in the Lycée Buffon. A man now in his thirties, he refrains from making any important decisions or commitments, as he does not choose to relinquish any parcel of his freedom, in this reminding one of the typical Gidian character, for whom every decision is a renouncement. The other personages — Ivich, an unpredictable and unstable young girl, her brother Boris, a former student and ardent admirer of Mathieu, Mathieu's mistress, Marcelle, his two friends, Daniel and Brunet, his brother Jacques and his sister-in-law, Isabelle — help or hinder him in his ascent toward perfect freedom. These persons live and move in a sordid world, from which beauty and idealism are excluded. Mathieu believes that he has reached *l'âge de la raison* because he has succeeded in advancing always toward a greater freedom. With it comes a sense of absolute aloneness, accentuated when he bruskly discovers that Marcelle, whom he had supposed to be in complete accord with him, has a conception of life entirely foreign to his. Here, as always with Sartre, liberty is a synonym of exile or of solitude.

The action of *le Sursis* covers the week of September 23–30, 1938, date of the Munich Agreement, and depicts the reaction to the threat of war of the main and of many incidental characters, the simultaneousness of the action being exceedingly confusing.[10] This crisis permits Mathieu to accomplish a more rapid ascent toward independence, by accentuating

---

[10] Sartre acknowledges his debt to American novelists, such as Faulkner and particularly Dos Passos, in their new technique in dealing with time, in which the simultaneous action of unconnected groups forms the plot of the novel. In fact, these two American novelists, as well as Hemingway and Steinbeck, have had a strong impact on French existentialism.

his feeling of aloneness. Even when, after the Munich Agreement, he returns to the *lycée* and to his old life, his overwhelming sense of freedom remains, but changes quickly into anguish, anguish being the inevitable product of Sartre's existentialist freedom.

In *la Mort dans l'âme,* Sartre studies the reaction of the French soldiers toward their defeat, of these "vaincus qui buvaient la défaite jusqu'à la lie," of this young generation which had counted on the war to make men of them, who had been robbed of their youth through the other war. Mathieu's friend, Boris, declared that one had stolen his death; he felt dismayed when suddenly confronted by the peace. Mathieu, with a small group, continued the resistance and they were shot down one by one. Mathieu alone held out and was captured, by this one brave and decisive action wiping out the past indecisions of his life. A group of French prisoners represent all the French soldiers who had not been able to "tenir le coup," and who are ashamed to go back to their families. Then as they are carried off in a cattle car, we see their exuberance at the thought of being liberated turn into despair as they are suddenly directed toward Germany. *La Dernière chance* will conclude the novel.

Finally, *les Jeux sont faits,* published in 1947, from which a highly successful film has been made, illustrates admirably Sartre's power to create, in his rapid, dynamic style, breath-taking, dramatic action, combined with a vivid expression of philosophical thought. The writer leads us with such dizzying rapidity from the earth of living beings to the land of phantoms and back again that we, as well as the characters, confuse shadows and reality, and in breathless suspense, we follow the hero and the heroine, as, after a violent death, they are given a brief second chance for happiness on the earth. None of the sordidness of other works appears here. On the contrary, the exclusive aim at self-development is replaced by devotion to another person or to a cause; ugliness gives way to idealism; pure emotions — pity, love, charity — exist; even the smile of a child illumines one of the pages. Nevertheless, as faithful exponents of the Sartrian philosophy, the two main characters meet tragedy because they remain enslaved to their past, not recognizing the liberty of action which they are capable of exercising; hence for them, "les jeux sont faits."

Whatever, then, may be one's reaction to the Sartrian philosophy, as it has grown out of existing conditions, one must recognize its strong impact on contemporary thought, which cannot be ignored by any student of modern French literature. As France evolves toward a happier condition, and as Jean-Paul Sartre works toward a unification of his thought, let us hope that it may be away from the despair and sordid realism of *le Diable et le bon Dieu* and that generally found in *les Chemins de la liberté* toward the idealism of which one sees a hint in the Mathieu of *la Mort dans l'âme* and in *l'Engrenage* and *les Jeux sont faits.*

Paris   M.E.S.

LA CHAMBRE D'EVE

Une chambre dans laquelle les persiennes mi-closes ne laissent pénétrer qu'un rai de lumière.

Un rayon découvre une main de femme dont les doigts crispés grattent une couverture de fourrure. La lumière fait briller l'or d'une alliance, puis glissant au long du bras, dé- 5 couvre le visage d'Eve Charlier... Les yeux clos, les narines pincées, elle semble souffrir, s'agite et gémit.

Une porte s'ouvre et, dans l'entre-bâillement, un homme s'immobilise. Elégamment habillé, très brun, avec de beaux yeux sombres, une moustache à l'américaine; il paraît âgé de 10 trente-cinq ans environ. C'est André Charlier.

Il regarde intensément sa femme, mais il n'y a dans son regard qu'une attention froide, dépourvue de tendresse.

I

Il entre, referme la porte sans bruit, traverse la pièce à pas de loup et s'approche d'Eve qui ne l'a pas entendu entrer.

Etendue sur son lit, elle est vêtue, par-dessus sa chemise de nuit, d'une robe de chambre très élégante. Une couverture 5 de fourrure recouvre ses jambes.

Un instant, André Charlier contemple sa femme dont le visage exprime la souffrance; puis il se penche et appelle doucement:

— Eve... Eve...

10 Eve n'ouvre pas les yeux. Le visage crispé, Eve s'est endormie.

André se redresse, tourne la tête vers la table de chevet sur laquelle se trouve un verre d'eau. Il tire de sa poche un petit flacon stilligoutte, l'approche du verre et, lentement, y verse 15 quelques gouttes.

Mais comme Eve bouge la tête, il remet prestement le flacon dans sa poche et contemple, d'un regard aigu et dur sa femme endormie.

LE SALON DES CHARLIER

Dans le salon voisin, une jeune 20 fille, appuyée contre la fenêtre grande ouverte, regarde dans la rue. De la chaussée monte et se rapproche le bruit[1] cadencé d'une troupe en marche.

---

[1] Note that, as is often the case, the subject follows the verb: **le bruit** . . . follows **monte et se rapproche**. Another example is found in the fourth paragraph of this chapter.

André Charlier pénètre dans la pièce et referme la porte. Il s'est maintenant composé un visage soucieux.

Au bruit de la porte refermée, la jeune fille s'est retournée. Elle est jolie et jeune, dix-sept ans peut-être, et quoique grave et tendu, son petit visage demeure encore puéril. 5

Dehors, sur le rythme des bottes martelant le pavé, éclate un chant de marche, rauque, cadencé.

D'un geste brusque, la jeune fille referme la fenêtre; il est visible qu'elle ne domine que difficilement ses nerfs, et, se retournant, c'est d'un air agacé qu'elle dit: 10

— Ils n'ont pas cessé de défiler depuis ce matin!

Sans paraître la voir, André fait quelques pas et s'arrête l'air très affecté, près d'un canapé. La jeune fille vient le rejoindre, l'interroge anxieusement du regard. Il redresse la tête, lui jette un coup d'œil, puis, avec une moue fataliste: 15

— Elle dort...

— Vous croyez qu'elle peut guérir?

André ne répond pas.

La jeune fille, irritée, pose un genou sur le canapé et secoue la manche d'André. Elle est près des larmes. Soudain, elle 20 éclate:

— Mais ne me traitez pas comme une gamine! Répondez-moi!

André regarde sa jeune belle-sœur, lui caresse doucement les cheveux, puis, avec tout ce qu'il peut mettre dans sa voix 25 de tendresse fraternelle et de douleur[2] contenue, murmure:

— Vous allez avoir besoin de tout votre courage, Lucette.

Lucette éclate en sanglots et pose sa tête sur le rebord du canapé. Son désespoir est sincère, profond, mais très puéril et très égoïste; elle n'est encore qu'une enfant gâtée... André 30 murmure doucement:

[2] de tendresse . . . and de douleur . . . modify tout. Translate as *all the brotherly tenderness . . .*

—Lucette...

Elle secoue la tête:

—Laissez-moi... laissez-moi... Je ne veux pas avoir de courage, c'est trop injuste, à la fin! Qu'est-ce que je deviendrai
5 sans elle?

Sans cesser de caresser la chevelure, puis l'épaule de la jeune fille, André insiste:

—Lucette! calmez-vous... je vous en prie...

Elle se dégage, se laisse aller sur le canapé, la tête dans les
10 mains, les coudes sur les genoux, en gémissant:

—Je n'en peux plus! Je n'en peux plus!

André contourne le canapé. Comme il n'est plus observé, il a repris son air dur et épie la jeune fille qui poursuit:

—Un jour, on espère, le lendemain, on n'a plus d'espoir!
15 C'est à devenir folle... Savez-vous seulement ce qu'elle est pour moi?

Elle se retourne brusquement vers André, dont le visage, aussitôt, reprend un air apitoyé.

—C'est beaucoup plus que ma sœur, André, poursuit-elle
20 à travers ses larmes. C'est aussi ma mère et ma meilleure amie... Vous ne pouvez comprendre, personne ne peut comprendre!

André s'assied près d'elle.

—Lucette! murmure-t-il avec un tendre reproche, c'est ma
25 femme... manœud

Elle le regarde avec confusion, lui tend la main.

—C'est vrai, André, pardonnez-moi. Mais, vous le savez, sans elle, je me sentirai si seule au monde...

—Et moi, Lucette?

30 André attire la jeune fille contre lui. Elle se laisse aller avec beaucoup de confiance, beaucoup de pureté, et pose sa tête sur l'épaule d'André, qui reprend hypocritement:

—Je ne veux pas que vous pensiez: «Je suis seule» tant que

je serai près de vous. <u>Nous ne nous quitterons jamais.</u> Je suis sûr que c'est la volonté d'Eve. Nous vivrons ensemble, Lucette.

Lucette, apaisée, a fermé les yeux et renifle puérilement ses larmes.   5

LA RUE DES CONSPIRATEURS

Un détachement de la milice du régent s'engage dans une rue populeuse. <u>Le visage sous la casquette plate à courte visière, le torse rigide sous la chemise foncée que barre[3] le baudrier luisant,</u> l'arme automatique à la bretelle, les hommes avancent dans un lourd martèlement de bottes.   10

Le chant martial de la troupe en marche éclate brusquement. Des gens se détournent, d'autres s'écartent de leur chemin, rentrent dans les maisons.

Une femme, qui pousse une voiture d'enfant, fait lentement demi-tour, sans affectation, et s'éloigne au milieu des passants qui s'égaillent.   15

La troupe avance toujours, précédée à quelques mètres par deux miliciens casqués, la mitraillette sous le bras. Et à mesure que la troupe progresse, <u>la rue se vide,</u> sans précipitation, mais dans une vaste manifestation hostile. Un groupe de femmes et d'hommes, stationnant devant l'entrée d'une épicerie, se disperse, sans hâte, comme obéissant à un ordre silencieux. Quelques-uns entrent dans les boutiques, d'autres sous les portes cochères.   20

                                                                        25

[3]**barre:** note position of subject, following verb.

Plus loin, des ménagères abandonnent les voitures de quatre saisons autour desquelles elles étaient groupées, et se dispersent, cependant[4] qu'un gamin, les mains dans les poches,
traverse la rue avec une lenteur appliquée, affectée, presque
5 dans les jambes des miliciens.

Adossés près de la porte d'une maison de pauvre apparence, deux hommes, jeunes et costauds, regardent passer la
troupe[5] d'un air ironique.

Ils ont la main droite dans la poche de leur veston.

Ils ont un revolver

LA CHAMBRE DES CONSPIRATEURS

10   Une chambre enfumée, misérablement meublée.

De chaque côté de la fenêtre, prenant soin de ne pas trop
se faire voir du dehors, quatre hommes regardent dans la rue.

Il y a là Langlois, grand, osseux, le visage rasé; Dixonne,
15 maigre et nerveux, avec une petite barbiche; Poulain, lunettes de fer et cheveux blancs; et Renaudel, un gros homme
puissant, rouge et souriant.

Ils gagnent le centre de la pièce où, accoudé à une table
ronde chargée de cinq verres et d'une bouteille, leur com-
20 pagnon, Pierre Dumaine, fume paisiblement.

Le visage maigre de Dixonne exprime l'inquiétude. Il demande à Pierre:

[4] **cependant que:** a favorite conjunction of Sartre's, replacing **pendant que,** which is more usual in modern French.
[5] **regarder passer la troupe:** note the word order; in English, *watch the troop pass.*

— Tu as vu?

Pierre, calmement, prend son verre, boit, puis interroge:

— Qu'est-ce que j'ai vu?

Un petit silence succède à ses paroles. Poulain s'assied; Renaudel allume une cigarette. Dixonne jette un coup d'œil 5 vers la fenêtre.

— C'est comme ça depuis ce matin, dit-il. Ils se doutent de quelque chose...

Pierre conserve son attitude paisible et butée. Il repose tranquillement son verre en répliquant: 10

— Peut-être. Mais sûrement pas de ce qui leur arrivera demain.

Hésitant, Poulain commence:

— Est-ce qu'il ne vaudrait pas mieux?...

Pierre, se tournant vivement vers lui, dit durement: 15

— Quoi?

— Attendre...

Et comme Pierre amorce un mouvement d'irritation, Renaudel ajoute précipitamment:

— Trois jours seulement. Le temps de les endormir... 20

Pierre lui fait face et questionne d'une voix cinglante:

— Tu as les foies?[6]

Renaudel sursaute, s'empourpre:

—Pierre! proteste-t-il.

—Une insurrection ne se remet pas, déclare Pierre avec 25 force. Tout est prêt. Les armes ont été distribuées. Les gars sont gonflés à bloc.[7] Si nous attendons, nous risquons de ne plus les tenir en main.

En silence, Renaudel et Dixonne se sont assis.

---

[6] **Tu as les foies?** (slang), *You are afraid? You don't have the guts?* In this book, a good deal of slang is found in the workmen's dialogue.

[7] **gonflés à bloc** (slang), *all primed.*

Le regard dur de Pierre se pose successivement sur les quatre visages qui lui font face. Sa voix sèche interroge:

— Y en a-t-il un parmi vous qui n'est pas d'accord?

Et comme aucune objection ne s'élève plus, il poursuit:

5 — Bon! Alors, c'est pour demain matin, dix heures. Demain soir, nous coucherons dans la chambre du régent. Maintenant, écoutez-moi...

Les quatre visages se rapprochent graves, tendus pendant que Pierre étale sur la table un papier qu'il a sorti de sa poche 10 et continue:

— L'insurrection commencera en six points différents...

LA CHAMBRE D'EVE

Eve est toujours étendue, paupières closes. Elle tourne brusquement la tête et ouvre de grands yeux hagards, comme si elle sortait d'un cauchemar. 15 Tout à coup elle tourne la tête et jette un cri:

— Lucette!

Eve reprend conscience mais elle souffre d'un feu qui la brûle.

Avec effort, elle se redresse péniblement, rejette la couver- 20 ture et s'assied sur le rebord du lit. Elle a la tête qui tourne. Puis elle étend la main et saisit le verre d'eau qui se trouve sur la table de chevet. Elle boit d'un trait et grimace. Elle appelle encore une fois, mais d'une voix affaiblie:

— Lucette! Lucette!

LA RUE DES CONSPIRATEURS

Un jeune homme d'environ dix-huit ans, pâle, nerveux, l'air sournois, appelle:

— Pierre!

Ce dernier vient de sortir de la maison de pauvre apparence où vient de se tenir la réunion des conspirateurs. A l'appel 5 de son nom, Pierre regarde du côté de celui qui l'interpelle, détourne la tête à sa vue, puis s'adresse aux deux gardiens qui sont en faction devant la porte:

— Les autres vont descendre, dit-il. Vous pouvez filer. Réunion ici à six heures ce soir. Rien de neuf? 10

— Rien du tout, répond l'un des gaillards. Il y a juste ce petit mouchard [8] qui voulait entrer.

D'un mouvement de tête il désigne le jeune homme qui, de l'autre côté de la rue, les observe, debout près de sa bicyclette. 15

Pierre jette un nouveau coup d'œil dans sa direction, puis haussant les épaules:

— Lucien? Bah!

Rapidement les trois hommes se séparent. Tandis que les deux gardes de corps s'éloignent, Pierre s'approche de sa 20 bicyclette attachée, se penche pour défaire le câble. Pendant ce temps, Lucien traverse la rue, le rejoint et l'appelle:

— Pierre...

[8] mouchard (slang), one who has told secrets under pressure of torture. This word is a key to Pierre's subsequent treatment of Lucien. **Donneuse,** used further on, has the same meaning.

Celui-ci ne se redresse même pas. Il ôte le câble, le fixe sous la selle.

— Pierre! supplie l'autre, écoute-moi!

En même temps, il contourne la bicyclette et se rapproche
5 de Pierre. Ce dernier se redresse et regarde Lucien avec mépris sans rien dire.

— Ce n'est pas ma faute... gémit Lucien.

D'un simple geste de la main, Pierre l'écarte et pousse son vélo. Lucien le suit en balbutiant:

10 — Ils m'ont fait si mal, Pierre... Ils m'ont battu pendant des heures, et je n'ai presque rien dit...

Tranquillement, Pierre descend sur la chaussée, enfourche sa bicyclette. Lucien se place devant lui, une main sur le guidon. Son visage exprime un mélange de rage et de peur.
15 Il s'exalte:

— Vous êtes trop durs! Je n'ai que dix-huit ans, moi. Si vous me lâchez, je penserai toute ma vie que je suis un traître.[9] Pierre! ils m'ont proposé de travailler pour eux...

Cette fois, Pierre le regarde dans les yeux, Lucien devient
20 fébrile; il s'accroche au guidon. Il crie presque:

— Mais dis quelque chose! C'est trop commode aussi: tu n'y es pas passé! Tu n'as pas le droit... Tu ne partiras pas sans m'avoir répondu. Tu ne partiras pas!

Alors, Pierre, avec un profond mépris, jette entre ses dents:
25 — Sale petite donneuse!

Et, tout en le regardant dans les yeux, il le gifle à toute volée.

Lucien recule, suffoqué, cependant que, sans hâte, Pierre appuie sur les pédales et s'éloigne. Des rires éclatent, satis-
30 faits: Renaudel, Poulain, Dixonne et Langlois, qui viennent de sortir de l'immeuble ont assisté à la scène.

---

[9] A typical Sartrian idea: only if his comrades take him back, will Lucien be able to prove to himself (and to them) that he will not remain a coward.

Lucien leur jette un bref regard, reste un instant immobile, puis s'en va lentement. Dans ses yeux brillent des larmes de haine et de honte.

LA CHAMBRE D'EVE ET LE SALON

La main d'Eve repose près du verre vide, sur la table de chevet.   5

Eve se redresse avec un effort terrible, frissonne, envahie par une brusque douleur.

Puis, d'un pas chancelant, elle parvient à atteindre la porte du salon, l'ouvre, et demeure immobile.

Elle aperçoit sur le canapé du salon Lucette, qui a posé la   10
tête sur l'épaule d'André. Quelques secondes s'écoulent avant que la jeune fille aperçoive sa sœur.

Eve appelle d'une voix sourde:

—André...

Lucette se dégage de son beau-frère et court vers Eve. An-   15
dré à peine gêné se lève et s'approche, d'un pas tranquille.

—Eve! reproche la jeune fille, tu ne dois pas te lever...

—Reste ici, Lucette, répond simplement Eve. Je veux parler à André, seul.

Puis elle se détourne et rentre dans sa chambre. André   20
s'approche de Lucette interdite, l'invite d'un geste plein de douceur à s'éloigner et pénètre à son tour dans la chambre.

Il rejoint sa femme, qui est appuyée à la table de chevet.

—André, souffle-t-elle, tu ne toucheras pas à Lucette...[10]

[10] **tu ne toucheras pas à Lucette,** the future tense used as a very vigorous imperative.

André fait deux pas, jouant un léger étonnement.

Eve concentre toutes ses forces pour parler.

— Inutile. Je sais... Il y a des mois que je te vois faire... Tout a commencé depuis ma maladie... Tu ne toucheras pas à
5 Lucette.

Elle s'exprime avec une difficulté grandissante, faiblit, sous le regard impassible d'André.

— Tu m'as épousée pour ma dot et tu m'as fait vivre un enfer... Je ne me suis jamais plainte, mais je ne te laisserai
10 pas toucher à ma sœur...

André l'observe toujours, impassible. Eve se soutient avec effort, et continue avec une certaine violence:

— Tu as profité de ma maladie, mais je guérirai... Je guérirai, André. Je la défendrai contre toi...

15 A bout de forces, elle se laisse glisser sur le lit, démasquant ainsi la table de chevet.

Très pâle, André fixe, maintenant, sur cette table, le verre vide. Son visage alors exprime une espèce de détente, tandis que s'élève encore la voix d'Eve, de plus en plus faible:

20 — Je guérirai, et je l'emmènerai loin d'ici... loin d'ici...

UNE ROUTE DE BANLIEUE

A demi dissimulé par un pan de mur, Lucien se tient à l'affût.[11] Le visage blême, luisant de sueur, la bouche mauvaise, remâchant sa haine, il guette. Sa main est dans la poche de son veston.

25   Là-bas, à cent cinquante mètres environ, penché sur sa

[11] se tient à l'affût, *lies in waiting.*

bicyclette, Pierre paraît. Il avance, seul, sur cette route monotone et triste de banlieue au milieu des chantiers. Au loin,
des hommes travaillent, poussent des wagonnets, vident des
camions. Pierre continue à avancer parmi les usines et de
hautes cheminées qui fument. Lucien a le visage de plus en 5
plus tendu, il amorce un geste tout en jetant de brefs coups
d'œil inquiets autour de lui.

Lentement, il sort un revolver de sa poche.

LA CHAMBRE D'EVE

La voix d'Eve se fait encore
entendre, avec un dernier reste de violence. 10

— Je guérirai... André, je guérirai... pour la sauver... Je
veux guérir...

Sa main glisse le long de la table, veut se raccrocher, tombe
enfin, entraînant le verre et la carafe.

Eve, qui se sentant faible a voulu s'appuyer à la table, roule 15
sur le sol dans un bruit de verre cassé.

Pâle mais impassible, André regarde le corps d'Eve étendu
sur le sol.

LA ROUTE DE BANLIEUE

Deux coups de revolver cla-
quent. 20

Sur la route, Pierre roule encore pendant quelques mètres en vacillant et tombe sur la chaussée.

LA CHAMBRE D'EVE

Lucette se précipite dans la chambre en coup de vent, rejoint André. Elle aperçoit le 5 corps d'Eve sur le sol et jette un cri.

LA ROUTE DE BANLIEUE

Le corps de Pierre est étendu au milieu de la route, à côté de sa bicyclette dont la roue avant continue de tourner dans le vide.

Derrière le pan de mur qui le cache, Lucien enfourche son 10 propre vélo et s'enfuit à toutes pédales.

Là-bas, les ouvriers ont suspendu leur travail. Ils ont perçu les coups de feu mais, sans comprendre encore, dressent la tête. Hésitant, l'un d'eux se décide à s'avancer sur la route.

Un lourd camion vient de stopper près du cadavre de 15 Pierre. Le conducteur et deux ouvriers sautent à terre. Au loin, d'autres ouvriers accourent. Bientôt, un cercle d'hommes se resserre autour du corps étendu. On reconnaît Pierre, et des exclamations s'entre-croisent:

—C'est Dumaine! *famous, well known*

— Qu'est-ce que c'est?

— C'est Dumaine!

— Ils ont butté[12] Dumaine!

Dans la confusion générale, personne n'a prêté attention 5
au bruit de bottes d'une troupe en marche, d'abord lointain,
mais qui se précise maintenant. Brusquement, tout près, le
chant de la milice éclate. Un ouvrier, le visage dur, jette:

— Qui veux-tu que ce soit? *who else could it be?*

A ce moment, un détachement de miliciens débouche 10
d'une rue voisine. L'un après l'autre, les ouvriers se redres-
sent et font face à la troupe qui vient vers eux. Une grande
colère monte dans leurs regards. Une voix crache:

—Les salauds! *angry mob?*

Le détachement s'avance toujours, les miliciens chantent 15
et, à leur tête, le chef fixe d'un œil inquiet le groupe des
ouvriers. Les ouvriers sont maintenant tous debout et barrent
la route d'un air menaçant. Quelques-uns se détachent et
sans ostentation, vont ramasser des pavés et des morceaux de
ferraille sur le côté de la chaussée. 20

Au bout de quelques pas, le chef milicien donne un ordre
préparatoire, puis il crie:

— Halte!

A ce moment, tandis que son corps demeure étendu sur
le sol, un autre Pierre se redresse lentement. Il a l'air de 25
sortir d'un rêve et brosse machinalement sa manche. Il tourne
le dos à la scène muette qui se joue. Néanmoins, trois ouvriers
lui font face; ceux-ci pourraient le voir, et cependant, ils ne
le voient pas.

Pierre s'adresse à l'ouvrier le plus proche: 30

---

[12] butter, slang for tuer.

—Eh bien, Paulo, qu'est-ce qu'il y a?

L'interpellé ne bronche pas. Simplement, s'adressant à son
voisin, il demande en tendant la main:

—Passe-m'en une.

5 Le second ouvrier passe une brique à Paulo.

Brutale, la voix du chef du détachement ordonne:

—Dégagez la chaussée!

Dans le groupe des ouvriers, personne ne bouge. Pierre
se retourne vivement, observe les deux camps antagonistes
10 et murmure,

—Il y a de la bagarre dans l'air!

Puis, il passe entre deux ouvriers, invisible à leurs yeux,
et s'éloigne sans hâte. Sur son chemin, il croise quelques
ouvriers armés de pelles ou de barres de fer; ces hommes pas-
15 sent sans le voir. A chaque rencontre, Pierre les regarde un
peu étonné et enfin, haussant les épaules et renonçant à comprendre, il s'éloigne définitivement, tandis que derrière lui
la voix du chef milicien, impérieuse, jette:

—En arrière! Je vous dis de dégager!

LA CHAMBRE D'EVE ET LE SALON

20   André et Lucette ont déposé
le corps d'Eve sur le lit.

Tandis qu'André remonte la couverture de fourrure sur le
corps de sa femme, Lucette, à bout de forces, s'effondre et
pleure à gros sanglots sur la main inerte de sa sœur.

25 A ce moment une main de femme effleure les cheveux

de Lucette, sans que la jeune fille y fasse la moindre attention. Eve debout, regarde sa sœur...

Son visage exprime une compassion souriante, un peu étonné, comme on peut en éprouver pour une peine légère et attendrissante. Elle hausse doucement les épaules et, sans 5 insister, s'éloigne en direction du salon.

Cependant que Lucette pleure sur la dépouille de sa sœur, Eve, vêtue de sa robe d'intérieur, passe dans le salon et se dirige vers le vestibule. Mais elle croise Rose, sa femme de chambre, qui, sans doute alertée par le bruit, vient discrète- 10 ment regarder ce qui se passe dans la pièce. Eve s'est arrêtée, suit son manège et l'interpelle:

— Rose!

Mais Rose ressort un peu bouleversée par ce qu'elle vient de voir, et repart en courant vers l'office. 15

— Eh bien! Rose, insiste-t-elle. Où courez-vous comme ça?

Eve demeure quelque peu surprise de voir Rose sortir du salon sans lui répondre, sans même paraître l'avoir vue, ni entendue.

Tout à coup, s'élève une voix qui, doucement d'abord, puis 20 de plus en plus sifflante, répète:

— Laguénésie...[15] Laguénésie... Laguénésie...

Eve se remet en marche, traverse le salon, s'engage dans un long vestibule. Brusquement, elle s'arrête; en face d'elle se trouve une large glace[16] murale dans laquelle, normale- 25 ment, devrait se refléter son image. Or, la glace ne lui montre que l'autre mur du couloir. *Eve s'aperçoit qu'elle n'a pas de reflet.* Stupéfaite, elle fait encore un pas en avant. Rien...

A ce moment, Rose reparaît et s'avance rapidement dans la direction de la glace. Elle s'est débarrassée de son tablier 30 blanc et porte à la main un sac et un chapeau.

[15] Laguénésie, a proper name the meaning of which will be clear later on.
[16] se trouve une large glace: note the order of verb and subject.

Sans voir Eve elle s'interpose entre sa maîtresse et le miroir et se met en devoir d'ajuster son chapeau.

Ainsi, toutes deux font face à la glace, mais seule, Rose s'y reflète. Eve, étonnée, se déplace sur le côté, regardant alter-
5 nativement Rose et le reflet de Rose...

La femme de chambre ajuste son chapeau, reprend son sac qu'elle avait posé devant elle et sort rapidement. Eve reste seule, sans reflet...

On entend de nouveau la voix qui lentement continue:
10 —Laguénésie... Laguénésie... Laguénésie...
Eve hausse les épaules avec indifférence, et sort.

UNE RUE

Pierre marche, le long d'un trottoir, dans une rue assez animée.
15 Il est accompagné par la voix qui augmente petit à petit et d'autres voix, de plus en plus fortes, de plus en plus marte-lées, qui scandent:

—Laguénésie... Laguénésie... Laguénésie...

Et Pierre marche, marche toujours... Mais, entre la lenteur
20 de ses mouvements et la rapidité affairée des passants, le con-traste est saisissant. Pierre a l'air de se mouvoir sans bruit, un peu comme dans un rêve.

Personne ne le remarque. Personne ne le voit.

C'est ainsi que deux passants se rencontrent; le premier tend la main à l'autre. Pierre, croyant que ce geste s'adresse
25 à lui, avance la main, mais les deux passants se rejoignent et

s'arrêtent devant lui pour bavarder. Pierre est obligé de les contourner pour poursuivre son chemin.

Son visage exprime avec une teinte d'indifférence amusée qu'il trouve ces gens un peu grossiers.

Il fait encore quelques pas et reçoit dans les jambes le seau 5 d'eau qu'une concierge jette devant le seuil de sa maison. Pierre s'arrête et regarde son pantalon; il est absolument sec. De plus en plus étonné, Pierre se remet en marche.

On continue à entendre:

— Laguénésie... Laguénésie... Laguénésie... 10

Pierre fait encore quelques pas et s'arrête auprès d'un vieux monsieur qui lit son journal en attendant l'autobus.

En même temps, la voix brusquement se tait.

Pierre s'adresse au vieux monsieur:

— Pardon, monsieur... 15

L'autre ne relève pas la tête, continue de lire et sourit.

— Pardon, monsieur, insiste Pierre, la rue Laguénésie, s'il vous plaît?

UN COIN DE JARDIN PUBLIC

Eve vient de s'arrêter auprès d'une jeune femme qui est assise sur un banc public et qui 20 tricote, berçant une voiture d'enfant avec son pied. Aimablement, Eve demande:

— Pardon, Madame, la rue Laguénésie, s'il vous plaît?

La jeune femme, qui n'a rien entendu, se penche vers la voiture et commence ces petites agaceries bêtifiantes[17] qui 25

---

[17] petites agaceries bêtifiantes, *stupid little words,* i.e., *baby talk.*

sont le langage courant des grandes personnes à l'égard des bébés...

LA RUE

Le vieux monsieur lit toujours son journal, en souriant. Pierre explique, élevant un peu la
5 voix:

— J'ai un rendez-vous urgent rue Laguénésie, et je ne sais pas où c'est.

Le vieux monsieur rit un peu plus fort sans quitter son journal. Cette fois, Pierre le regarde sous le nez et lui lance:
10 — Ça vous fait rire?

Et il ajoute, doucement, mais sans méchanceté:

— Espèce de vieux jeton! [18]

Le vieux monsieur rit de plus belle et Pierre répète plus fort:
15 — Vieux jeton!

A ce moment, un autobus vient stopper devant l'arrêt. Son ombre passe sur le vieux monsieur, mais sans se projeter sur Pierre qui demeure parfaitement en lumière. Le vieux monsieur, tout souriant, quitte le trottoir, monte dans l'autobus
20 qui démarre.

Pierre suit cette ombre des yeux, hausse une nouvelle fois les épaules, et reprend sa marche...

Un peu plus loin, alors qu'il descend du trottoir, se révèle brusquement sur sa droite l'entrée[19] d'une étrange petite rue,

---

[18] Espèce de vieux jeton! (slang), *You old codger!*
[19] se révèle . . . l'entrée: note order of verb and subject.

une sorte d'impasse déserte, d'un style curieux. Au fond de cette voie sans issue, aux façades sans fenêtres, un petit groupe de gens fait la queue devant l'unique boutique qui s'ouvre au rez-de-chaussée. Le reste de l'impasse est absolument vide.

Pierre, parvenu au milieu de la chaussée, tourne la tête vers 5 sa droite, aperçoit la petite rue, ralentit, s'immobilise enfin. D'un air étonné, il contemple la petite ruelle silencieuse. Derrière lui, voitures, autobus, passants se croisent. Il lève les yeux et son regard se fixe sur la plaque indicatrice où il lit:

Impasse Laguénésie. 10

... Alors, lentement, il s'engage entre les façades grises et se dirige vers le petit groupe qui fait la queue.

LE JARDIN PUBLIC

Eve se trouve près de la jeune maman qui continue de sourire à son bébé. En souriant aussi, Eve regarde l'enfant, puis elle interroge de nouveau: 15
—Alors, vous ne pouvez pas me dire où est la rue Laguénésie? Je sais que j'ai rendez-vous, mais je ne sais ni avec qui, ni ce que j'ai à lui dire.

La jeune mère recommence ses petites agaceries:
—Kili kili,[20] petit Michel! Qui c'est le petit Michel à sa 20 mère?

Eve hausse les épaules et poursuit son chemin...

Elle sort du jardin, descend du trottoir. Et soudain se révèle à son regard une étroite impasse au fond de laquelle sta-

[20] Kili kili, example of baby talk.

tionne un petit groupe... Un instant, surprise, elle observe
cette ruelle où tout est silence, alors que derrière elle s'étend
le jardin public avec son animation. Elle lit à son tour la
plaque indicatrice:

5   Impasse Laguénésie.

L'IMPASSE LAGUENESIE

Rangées deux par deux, une
vingtaine de personnes attendent devant la boutique de l'impasse. Là, se coudoient des gens de tous âges et de toutes conditions sociales: un ouvrier en casquette, une vieille dame,
10 une très belle femme en manteau de fourrure, un trapéziste
moulé dans son maillot collant, un soldat, un monsieur coiffé
d'un chapeau haut de forme, un petit vieillard barbu qui
branle la tête, deux hommes en uniformes de miliciens, d'autres encore, et, dernier venu, Pierre Dumaine.
15   La façade et l'intérieur de la boutique sont absolument
sombres. Aucune inscription extérieure.
Quelques secondes s'écoulent, puis la porte s'ouvre toute
seule, avec un bruit de sonnette aigrelette. La première personne du groupe pénètre dans la boutique et la porte se re-
20 ferme doucement sur elle.
Voici Eve qui, d'un pas machinal, remonte le long de la
file d'attente. Aussitôt, c'est une explosion de cris:
— A la queue!
— Qu'est-ce qu'elle a, celle-là?
25   — C'est un peu fort!
— Elle n'est pas plus pressée que les autres.

— A la queue! A la queue!

Eve s'arrête, se retourne, et constate en souriant:

— Tiens, vous me *voyez*, vous? Vous n'êtes pas aimables, mais ça fait plaisir tout de même.

— Bien sûr qu'on vous voit, rétorque une grosse femme menaçante. Et n'essayez pas de passer avant votre tour.

Seul, Pierre n'a rien dit, mais il regarde Eve.

Encore une fois, on entend tinter la clochette et les gens s'avancent d'une place.

Docilement, Eve retourne en arrière et prend sa place à la fin de la queue.

Pierre la regarde s'éloigner. Il est à côté du petit vieillard qui branle la tête. Sur un nouveau tintement de cloche, la porte s'ouvre; un homme et une femme se précipitent dans la boutique en se bousculant. Pierre et le petit vieillard avancent d'un pas encore. Pierre observe son voisin avec une irritation croissante. Enfin, il ne peut plus se contenir:

— Est-ce que vous allez vous tenir tranquille? jette-t-il violemment. Est-ce que vous allez arrêter votre tête?

Sans cesser de branler la tête, le petit vieillard se contente de hausser les épaules.

Quelques secondes d'attente, puis la clochette tinte à nouveau, et la porte vitrée s'ouvre toute seule. Pierre entre. La porte se referme toute seule. Les gens avancent d'un nouveau pas.

Dans la boutique complètement vide, Pierre distingue des comptoirs et des étagères poussiéreux. Pierre se dirige sans hésiter vers une porte qui donne manifestement sur l'arrière-boutique...

L'ARRIERE-BOUTIQUE

Après avoir refermé la porte, Pierre s'avance dans la pièce.

Il fait quelques pas vers une dame qui est assise devant un bureau. Une lampe à huile, posée sur cette table, ajoute un
5 peu de lumière à cette pièce à peine éclairée par le jour très rare qui tombe d'une étroite fenêtre donnant sur une cour intérieure.

Les murs sont couverts de médaillons, de gravures, de tableaux qui, pour autant qu'on en puisse juger, représentent
10 tous l'impasse Laguénésie.

Pierre s'avance jusqu'à la table et interroge:

— Pardon, madame. C'est bien avec vous que j'ai rendez-vous?

Digne et corpulente, avec son face-à-main, la vieille dame
15 est assise devant un énorme registre ouvert, sur lequel un gros chat noir est couché en rond.

Elle regarde Pierre à travers son face-à-main, en souriant d'un air affable:

— Mais oui, monsieur.

20 — Alors, vous allez pouvoir me renseigner, poursuit Pierre en caressant le chat qui s'étire et se frotte contre lui. Qu'est-ce que je viens faire ici?

— Régulus! réprimande la vieille dame, veux-tu laisser monsieur tranquille!

Avec un sourire, Pierre prend dans ses bras le chat, pendant que la vieille dame continue:

— Je ne vous retiendrai pas longtemps, monsieur. J'avais besoin de vous pour une petite formalité d'état civil.

Elle consulte son registre ouvert, puis:

— Vous vous appelez bien Pierre Dumaine?

Surpris, Pierre balbutie:

— Oui, madame... mais je...

Posément, la vieille dame tourne les pages de son registre.

— Da, da, di, di, do, du... Dumaine, nous y voilà... né en 1912?

Pierre est maintenant stupéfait; le chat profite de la situation pour lui grimper sur les épaules.

— En juin 1912, oui.

— Vous étiez contremaître à la fonderie d'Answer?

— Oui.

— Et vous avez été tué ce matin à 10 heures moins 5?

Cette fois, Pierre se penche en avant, les mains appuyées sur le rebord de la table, et fixe la vieille dame avec stupeur. Le chat saute de ses épaules sur le registre.

— Tué? articule Pierre d'un air incrédule.

La vieille dame acquiesce aimablement. Alors Pierre se rejette brusquement en arrière et se met à rire.

— C'est donc ça... C'est donc ça... Je suis mort.

Brusquement, son rire cesse, et c'est presque gaiement qu'il s'informe:

— Mais qui m'a tué?

— Une seconde, s'il vous plaît...

De son face-à-main, elle chasse le chat qui est sur le registre.

— Allons, Régulus! Tu es sur le nom de l'assassin.

Puis, déchiffrant l'indication portée sur le registre:

— Voilà: vous avez été tué par Lucien Derjeu.

—Ah! le petit salaud! constate simplement Pierre. Eh
bien, dites donc, il ne m'a pas raté.

—A la bonne heure, constate la vieille dame souriante.
Vous prenez bien la chose. Je voudrais pouvoir en dire au-
5 tant de tous ceux qui viennent ici.

—Ça les ennuie d'être morts?

—Il y a des caractères chagrins...

—Moi, vous comprenez, explique Pierre, je ne laisse personne derrière moi, je suis bien tranquille. Il se met à mar-
10 cher dans la pièce avec animation et ajoute:

—Et puis, l'essentiel, c'est d'avoir fait ce qu'on avait à faire.

Il se retourne vers la vieille dame, qui le regarde d'un air
sceptique à travers son face-à-main.

—Ce n'est pas votre avis? interroge-t-il.

15 —Moi, vous savez, dit-elle, je ne suis qu'une simple employée...

Puis, tournant le registre vers Pierre:

—Je vais vous demander une petite signature...

Une seconde, Pierre demeure décontenancé. Enfin, il re-
20 vient vers la table, prend le porte-plume et signe.

—Là! déclare la vieille dame, à présent vous êtes mort
pour de bon.

Pierre se redresse, toujours un peu gêné. Il pose le porte-
plume, caresse le chat et demande:

25 —Et où faut-il que j'aille?

La vieille dame le considère d'un air étonné:

—Mais où vous voudrez...

Cependant, comme il va sortir par où il est entré, elle lui
désigne une autre porte sur le côté:

30 —Non, par là...

Tandis que Pierre referme la porte, la vieille dame ajuste
son face-à-main, consulte son registre et d'un air très naturel,

fait le simulacre de tirer un cordon. Et l'on entend au loin tinter la clochette d'entrée qui annonce le prochain client.

UNE RUE

La petite porte d'un immeuble vétuste et crasseux. Pierre vient de sortir. Il s'oriente et fait quelques pas, d'un air amusé, les mains dans les poches.   5
La rue débouche, à vingt mètres de là, sur une large artère où voitures et piétons se croisent en un mouvement très animé. Dans ce court espace, quelques rares vivants circulent affairés, tandis qu'une dizaine de personnages morts sont assis ou debout contre les murs, ou bien encore se promènent non- 10 chalamment en regardant les vitrines.
Deux ou trois morts d'autrefois, en costumes d'époque, se retournent sur Pierre et parlent de lui à voix basse.

RUE ET PLACE

Pierre s'avance lentement, lorsqu'une voix d'homme âgé prononce derrière lui: 15
— Soyez, monsieur, le bienvenu parmi nous.
Pierre se retourne. Il aperçoit un groupe de personnages en costumes divers des époques les plus différentes; des mous-

quetaires, des romantiques, des modernes et, parmi eux, un
vieillard à tricorne, habillé à la mode du xviiie siècle, l'interroge aimablement:

—Vous êtes nouveau?

5   —Oui. Et vous?

Le vieillard sourit, et désignant son costume:

—J'ai été pendu en 1778.

Pierre, avec sympathie, prend part au triste événement...

Le vieillard poursuit:

10   —C'était une simple erreur judiciaire. Ça n'a d'ailleurs aucune importance. Est-ce que vous avez quelque chose de précis à faire?

Et, devant l'air étonné de Pierre, blasé, il ajoute:

—Oui... Allez voir si votre femme vous pleure, ou si elle
15 vous trompe, si vos enfants veillent sur votre corps, en quelle
classe ils vous font enterrer[22]...

Pierre l'interrompt vivement:

—Non, non. Tout marchera très bien sans moi.

—A la bonne heure. Alors, voulez-vous de moi pour
20 guide?[23]

—Trop aimable... murmure Pierre.

Mais, déjà, le vieillard l'entraîne, en assurant:

—Non, non, tout le plaisir est pour moi. Nous avons l'habitude d'attendre les nouveaux pour les initier à leur nouvel
25 état, ça distrait.

Parvenus au coin de la rue, tous deux s'arrêtent. Pierre,
amusé, regarde devant lui. Il a remis les mains dans les
poches.

Une foule bigarrée évolue sur une petite place. Vivants et
30 morts y sont mêlés.

[22] There are seven classes of funerals in France, the cost, and hence the
elaborateness, varying from class to class.

[23] voulez-vous de moi pour guide?, *would you like me as a guide?*

Les morts sont vêtus de costumes de toutes les époques, un peu usés, un peu délavés.

Alors que les vivants ont l'air pressé, les morts vont flânant, tristes et quelque peu honteux. La plupart, d'ailleurs, se contentent de rester assis ou encore stationnent dans les encoignures, devant des vitrines, dans les embrasures des portes.

— Dites donc! s'exclame Pierre, il y a foule.

— Pas plus que d'habitude, réplique le vieux gentilhomme. Seulement, maintenant que vous êtes enregistré, vous voyez aussi les morts.

— Comment les distingue-t-on des vivants?

— C'est bien simple: les vivants, eux, sont toujours pressés.

Et comme un homme passe d'un pas rapide, une serviette sous le bras, le vieillard affirme:

— Tenez, celui-ci... C'est sûrement un vivant.

L'homme en question est passé si près qu'il aurait dû, en effet, s'il avait été mort, entendre le propos.

Pierre le suit des yeux, l'air réjoui.

On sent que Pierre s'exerce à distinguer les vivants des morts, et qu'il y trouve un certain plaisir. Ils dépassent une femme qui marche plus lentement qu'eux, le visage maquillé, la jupe très courte. Pierre la dévisage en essayant de se faire une opinion. La femme ne semble pas le voir. Pierre se tourne vers le vieillard avec un regard interrogateur, et fait un geste discret vers la femme.

Le vieillard secoue la tête:

— Non, non! vivante.

Pierre fait un geste de léger dépit, tandis que la femme ralentit à l'approche d'un vivant pressé.

Le vieillard a remarqué la déconvenue de Pierre.

— Ne vous inquiétez pas, dit-il, vous apprendrez vite.

Ils continuent leur marche, mais bientôt ils sont arrêtés par un groupe qui vient à leur rencontre.

En tête, marche un petit homme à l'air idiot et dégénéré. Derrière lui, suit toute sa noble ascendance mâle, du dix-neuvième siècle au moyen âge, tous gens de belle prestance et de grande taille.

5 Le rejeton vivant de cette noble famille s'arrête pour allumer une cigarette; les ascendants s'arrêtent derrière lui, suivant avec une attention étonnée le moindre de ses mouvements.

Pierre ne peut retenir une exclamation amusée:

10 — Qu'est-ce que c'est que ce carnaval?

A peine a-t-il lâché ces paroles imprudentes que quelques-uns des nobles lancent à Pierre un regard furieux et consterné.

Le vieillard explique discrètement:

15 — Une très vieille famille de haute noblesse. Ces gens suivent leur suprême rejeton...

— Eh bien, murmure Pierre, il n'est pas beau. Ils ne doivent pas en être fiers. Pourquoi est-ce qu'ils le suivent?

Le vieillard hausse les épaules, d'un air fataliste.

20 — Ils attendent qu'il soit mort pour pouvoir l'engueuler.

Cependant, ayant allumé sa cigarette, le rejeton se remet en marche, l'air important et niais, suivi de tous ses ascendants qui le couvent d'un regard attentif et désolé.

Pierre et le vieillard reprennent leur promenade, traversent

25 la rue.

Une voiture arrive assez rapidement et le vieillard passe juste devant le capot sans la moindre réaction, tandis que Pierre fait un brusque écart.

Le vieillard le contemple avec un sourire indulgent:

30 — On s'y fait... on s'y fait...

Pierre comprend, se détend, sourit à son tour, et ils reprennent leur marche.

L'ARRIERE-BOUTIQUE

Eve est assise sur une chaise devant le bureau, le visage anxieux. Elle demande nerveusement:

— Vous en êtes sûre? Vous en êtes bien sûre?

La vieille dame, dont le calme courtois et ennuyé contraste 5 avec la nervosité d'Eve, réplique avec dignité:

— Je ne me trompe jamais. C'est professionnel.

Eve insiste:

— Il m'a empoisonnée?

— Eh oui, madame. 10

— Mais pourquoi? pourquoi?

— Vous le gêniez, répond la vieille dame. Il a eu votre dot. Maintenant, il lui faut celle de votre sœur.

Eve joint les mains dans un geste d'impuissance et murmure accablée: 15

— Et Lucette est amoureuse de lui!

La vieille dame prend une mine de circonstance:

— Toutes mes condoléances... Mais voulez-vous me donner une signature?

Machinalement, Eve se lève, se penche sur le registre et 20 signe.

— Parfait, conclut la vieille dame. Vous voilà morte officiellement.

Eve hésite, puis s'informe:

— Mais où faut-il que j'aille? 25

— Où vous voudrez. Les morts sont libres.

Eve, comme Pierre, se dirige machinalement vers la porte par où elle est entrée, mais la vieille dame intervient:

— Non..., par là...

5   Eve, absorbée, quitte la pièce.

UNE RUE

Eve marche tristement dans une rue, la tête basse, les mains dans les poches de sa robe de chambre.

Elle ne s'intéresse pas à ce qui l'entoure, et croise, sans les
10   regarder, les vivants et les morts. Soudain, elle entend la voix d'un camelot:

— Mesdames et messieurs, encore quelques francs et Alcide va réaliser devant vous une performance sensationnelle... D'un seul bras, d'un seul, il arrachera un poids de cent
15   kilos. J'ai dit cent kilos, cent.

Un cercle de badauds entoure un hercule de fête foraine. C'est un gros homme en maillot rose, moustache provocante, raie au milieu, avec un accroche-cœur sur chaque tempe. Il se tient immobile dans une pose avantageuse. Le bonimen-
20   teur le présente au public.

Eve contourne le groupe de badauds, jette un coup d'œil sur le spectacle sans s'arrêter.

Au dernier rang des curieux, Pierre et le vieillard regar-dent.

25   — Venez donc, dit ce dernier, il y a mieux à voir... Nous avons un club...

— Une minute, répond Pierre agacé, j'ai toujours aimé les hercules.

De son côté, Eve a contourné le cercle des badauds. Elle s'arrête, regardant machinalement du côté de l'hercule.

Le bonimenteur s'efforce toujours de stimuler la générosité de la foule:

— Allons, messieurs, dames![24] Vous ne voudrez pas laisser dire que l'haltérophilie se meurt faute d'encouragements. Encore douze francs, et Alcide commence. Douze francs. Douze fois vingt sous. Un franc à droite? Un franc à gauche? Merci. Plus que[25] dix francs, dix, et on commence!

Soudain, le regard d'Eve est attiré par une petite fille d'une douzaine d'années qui porte un panier d'où dépassent[26] une bouteille de lait et un sac de dame très abîmé dans lequel, sans doute, elle met son argent. On l'a envoyée faire des courses, mais elle s'attarde un instant à regarder le camelot.

Elle ne s'aperçoit pas qu'un jeune voyou, de dix-sept ans environ, s'est glissé derrière elle et essaie de la voler.

Après avoir jeté un coup d'œil négligent autour de lui, il allonge doucement la main et saisit le sac de la fillette.

Eve a vu le geste. Elle crie:

— Attention, petite, on te vole!

Pierre, de l'autre côté de l'enfant, tourne vivement la tête vers Eve, puis ses yeux s'abaissent sur la petite fille.

Eve a remarqué le mouvement de Pierre, et c'est maintenant à lui qu'elle s'adresse:

— Arrêtez-le, mais arrêtez-le donc!

Le vieillard, d'un air complice, pousse Pierre du coude.

Le voyou a tout le temps de s'éloigner...

---

[24] messieurs, dames: in elegant parlance, one should say, mesdames et messieurs.

[25] Plus que for Pas plus que, or better, Pas plus de.

[26] dépassent: note the two subjects found after the verb.

Eve, le bras tendu, crie:

— Au voleur! Au voleur!

D'un air très amusé, Pierre observe la jeune femme.

Le vieillard constate:

5   — Cette dame est aussi une nouvelle.

— Oui, fait Pierre, un peu fat, elle n'a pas encore compris...

Eve se retourne vers Pierre:

— Mais, faites quelque chose! lui lance-t-elle. Qu'est-ce que

10   vous avez à rire? Arrêtez-le donc!

Pierre et le vieillard échangent un clin d'œil et Pierre remarque:

— Madame n'a pas encore l'habitude.

— Comment? s'étonne Eve, l'habitude de quoi?

15   Eve les regarde l'un et l'autre et comprend soudain. Elle semble désemparée, découragée.

— Ah! Oui, murmure-t-elle, c'est vrai.

Pierre et Eve se regardent une seconde avec intérêt, puis suivent la petite fille des yeux.

20   Celle-ci vient de constater que le sac a disparu. Elle fouille son panier de plus en plus fébrilement, va même jusqu'à regarder dans sa boîte à lait, cherche par terre entre les jambes des spectateurs, puis elle se redresse avec un petit visage pâle traqué, sa bouche se crispe, des larmes brillent dans ses

25   yeux agrandis.

Eve, Pierre et son guide se taisent et observent l'enfant d'un air bouleversé, même le vieillard chez lequel, pourtant, les sentiments ont dû s'émousser...

La petite fille s'éloigne, traînant son panier et sa boîte à

30   lait.

Elle fait quelques pas, se laisse tomber sur un banc, et se met à sangloter, pitoyable, la tête dans son bras.

— Pauvre gosse, murmure Pierre. Elle va se faire passer quelque chose,[27] en rentrant.

Puis il ajoute, avec, pour la première fois, une nuance d'amertume:

— Et voilà!   5

Eve s'insurge:

— *Et voilà!* C'est tout l'effet que ça vous produit?

Pierre s'efforce de dissimuler son émotion derrière une apparente insolence.

— Qu'est-ce que vous voulez que j'y fasse?   10

Eve hausse les épaules.

— Rien.

Mais elle tourne la tête du côté de l'enfant:

— Ah! C'est odieux, dit-elle, odieux de ne pouvoir rien faire.   15

Eve et Pierre se regardent de nouveau. Puis, Pierre se détourne brusquement, comme pour chasser une pensée importune.

— Allons-nous-en, propose-t-il au vieillard. Tenez, je vous suis...   20

Il s'éloigne en compagnie de son guide tout heureux de cette diversion.

De son côté, Eve se remet en marche, tête basse, les mains dans les poches de sa robe de chambre. Elle passe près de la petite fille sans la regarder et s'en va...   25

---

[27] se faire passer quelque chose, *get into trouble.*

PORTE DU PALAIS DU REGENT

Pierre et le vieillard sont parvenus devant la porte monumentale du palais du régent. Deux énormes miliciens armés, figés dans un garde-à-vous impressionnant, en défendent l'entrée.

5 Pierre s'immobilise brusquement. Le vieillard, qui avait peine à le suivre, s'arrête à son tour, mais avec l'intention de continuer.

Pierre mesure du regard l'énorme porte et dit avec une joie visible:

10 — C'est là.

— Vous dites?

— Il y a des années que j'ai envie de le voir de près.

— Le régent? s'étonne le vieillard, vous voulez voir le régent? Curieuse idée... Un misérable usurpateur sans aucune

15 envergure.

— Il m'intéresse, réplique gaiement Pierre.

Le vieillard fait un geste d'incompréhension polie et désigne la porte:

— En ce cas, mon cher, ne vous gênez pas.

20 Sans hésiter, Pierre gravit les marches et s'arrête un instant à la hauteur des deux miliciens. Et, se penchant presque sous le nez de l'un d'eux, il dit:

— Si tu savais qui tu laisses passer...

UNE GALERIE DU PALAIS ET
LA CHAMBRE DU REGENT

Pierre et le vieillard avancent
dans une vaste galerie où quelques morts sont assis çà et là,
dans des costumes de leur époque. Ils croisent un premier
valet en livrée qu'ils laissent passer entre eux.

Pierre semble prodigieusement intéressé par tout ce qu'il 5
voit. Le vieillard, lui, considère toutes ces choses d'un œil
blasé.

Ils arrivent bientôt devant une large porte d'angle, gardée,
elle aussi, par deux miliciens au garde-à-vous.

A ce moment, un second valet survient, portant une su- 10
perbe paire de bottes noires.

L'un des miliciens, dans un geste mécanique et rituel, ouvre la porte au valet qui entre majestueusement.

Pierre, qui est tout près de la porte, empoigne vivement le
vieillard par une manche et l'entraîne en soufflant: 15
— Venez!

Ils entrent rapidement à la suite du valet et le milicien referme la porte derrière eux.

Pierre et le vieillard restent un instant immobiles. Puis ils
avancent lentement vers le centre de la pièce. 20

C'est une immense chambre somptueuse au fond de laquelle s'élève un lit à baldaquin. Une table en chêne massif,
de grands fauteuils d'époque, des rideaux de velours, des bro-
carts, des tapis, meublent la pièce.

Le régent est assis au pied du lit. Il est en bras de chemise, 25
en pantalon d'officier et en chaussettes. Il porte un protège-
moustache et fume une cigarette de luxe.

C'est un homme large et solide, au visage de bellâtre cruel, mais pouvant faire illusion.

Le valet l'aide, avec déférence, à enfiler ses bottes.

Une dizaine de morts, dont une femme, se trouvent dans 5 la pièce; les uns sont assis dans les fauteuils ou sur le lit, certains même par terre. D'autres sont adossés aux murs ou debout contre les meubles.

Il y a un chef milicien qui porte un uniforme semblable à celui du régent; un colosse médiéval; un milicien de seconde 10 classe; un très vieil homme à moustache blanche, s'appuyant sur une canne; un officier du dix-neuvième siècle en dolman à brandebourgs et culotte collante; trois vieux messieurs en veston bordé et pantalon rayé; enfin, une femme d'une trentaine d'années, vêtue d'un élégant costume de chasse.

15 Tous regardent le régent avec des airs ironiques ou sinistres.

Pierre hoche la tête, amusé:

— Eh bien, dit-il gaiement, je ne suis pas le seul.

Ces paroles attirent l'attention des morts, qui tournent la 20 tête nonchalamment vers les nouveaux venus.

Le compagnon de Pierre explique:

— Cet usurpateur a toujours des visites.

— Des amis?

Les morts haussant les épaules, se détournent dédaigneu-25 sement et le vieux gentilhomme se hâte de corriger:

— D'anciens amis.

Cependant, après avoir enfilé ses bottes, le régent se lève et s'approche d'une haute glace dans laquelle il se voit en pied.

Le régent, pour se placer devant la glace, s'est approché de 30 Pierre, qui tourne autour de lui et l'examine comme on examine un insecte... Tout près d'eux, le milicien de deuxième classe se tient appuyé contre un meuble, les bras croisés, et contemple son ancien «chef», les sourcils froncés.

Le régent se regarde avec complaisance et commence à répéter devant son miroir. Il s'exerce à saluer, prend des poses avantageuses. Ses gestes théâtraux sont ceux d'un orateur en pleine action, mais complètement ridicules.

Imperturbable, le valet de chambre, portant une tunique d'uniforme, se tient debout à quelques pas de lui.

Au bout d'un certain temps, le régent fait un signe bref au valet qui s'approche et lui tend la tunique.

Pierre secoue la tête et, se tournant vers le milicien, dit gaiement:

— Tu te rends compte?

Le milicien approuve en hochant la tête, sans quitter le régent des yeux.

— Il est beau, ton patron, ajoute Pierre ironiquement.

— Vous pouvez le dire, dit le milicien. Si j'avais su ça avant, je n'aurais jamais marché.

Après avoir endossé la tunique, le régent l'enlève et demande au valet:

— Tu crois que ça irait sans tunique?

— Certainement, Excellence, mais la tunique avantage encore votre Excellence.

Le régent remet la tunique et se dirige vers la table près de laquelle se tient le colosse médiéval. Le régent, suivi de Pierre, s'approche de la table en boutonnant sa tunique.

Avant de prendre son ceinturon, le régent jette sa cigarette dans le magnifique plat qui orne la table. Le colosse a un sursaut d'indignation.

— Dans mon plat à barbe! rugit-il.

Pierre se tourne vers lui avec intérêt.

— Il est à vous?

— Je suis ici chez moi, mon ami. J'étais roi de ce pays il y
a quatre cents ans. Et je vous prie de croire qu'à cette époque,
on respectait mes meubles.

Pierre sourit et désigne le régent:

5   — Consolez-vous, Sire, il n'en a plus pour longtemps.[28]

La seule femme qui se trouve parmi les morts se retourne,
étonnée:

— Que voulez-vous dire? demande-t-elle.

— C'est pour demain.

10   Le milicien se rapproche, intéressé.

— Qu'est-ce qui est pour demain?

— L'insurrection.

— Vous en êtes sûr? questionne la femme.

— C'est moi qui ai tout préparé. Ça vous intéresse?

15   La femme désigne le régent qui accroche une décoration
autour de son cou et un crachat sur sa poitrine. Elle jette avec
passion:

— Je suis morte il y a trois ans. A cause de lui. Et depuis,
je ne l'ai jamais quitté une seconde. Je veux le voir pendre.

20   Le chef milicien qui a suivi la conversation, se rapproche
à son tour.

— Ne vous emballez pas, dit-il. Ces choses-là ne réussissent
pas toujours. Il est plus malin qu'il n'en a l'air, vous savez.

La jeune femme hausse les épaules:

25   — Ce n'est pas parce que vous avez manqué votre affaire...

Cependant, tous les morts se sont maintenant réunis autour
de Pierre.

Le chef milicien poursuit:

— Vous vous rappelez la conjuration des Croix Noires?

30 C'était moi. Je n'avais rien laissé au hasard. Il nous a eus[29]
quand même.

---

[28] il n'en a plus pour longtemps, *he won't last much longer.*
[29] Il nous a eus (familiar), *he got us.*

—Moi aussi, admet Pierre, il m'a eu, mais trop tard. Il n'aura pas les autres.

— Vous êtes bien sûr de vous.

Pierre s'adresse à la fois au chef milicien et aux autres morts qui l'entourent:

— Il y a trois ans qu'on travaille à ça, les copains et moi. Ça ne peut pas rater.

— J'en disais autant, murmure le chef milicien.

L'officier à brandebourgs, qui est assis sur une chaise près de la table, lance dans un ricanement:

— Les jeunes morts se font toujours des illusions.

Pendant qu'il prononce ces mots, le valet passe derrière lui, puis, comme s'il n'était pas là, s'empare de sa chaise qu'il emporte. L'officier reste assis dans le vide, tandis que le régent s'assied sur la chaise que lui glisse sous les fesses le valet.[30] Pierre s'adresse à tous les morts qui le regardent d'un air sceptique, et dit:

— Vous avez l'air bien pessimistes.

— Pessimistes? gronde le milicien. J'ai servi cet homme pendant des années...

Tout en parlant, il se rapproche du régent, et tous les morts vont former un cercle autour de la table.

Le valet enlève, selon le cérémonial quotidien, le protège-moustache du régent.

— Je croyais en lui, poursuit le milicien; je suis mort pour lui. Et, à présent, je vois ce guignol: une femme par jour, des talons hauts. Il fait écrire ses discours par son secrétaire. Et quand il les répète devant la glace, ils rigolent tous les deux. Vous trouvez que c'est drôle de s'apercevoir qu'on s'est fait couillonner[31] toute sa vie?

Le régent s'est attaqué à son repas matinal. Il mange et

---

[30] que . . . glisse . . . le valet: note the word order.
[31] se faire couillonner (slang), *to be made a fool of.*

boit comme un cochon, mais ses mains s'agitent avec des gestes distingués.

Le chef milicien prend la parole durement:

—Pessimistes? En arrivant ici, j'ai appris que c'était mon
5   meilleur ami qui nous avait vendus. Il est aujourd'hui Ministre de la Justice.

Pierre veut parler, mais il est interrompu de nouveau. La femme s'est placée tout contre le régent et poursuit en le désignant:

10   —Pessimistes? Regardez celui-là. Je l'ai connu quand il
était gratte-papier. Je l'ai aidé. J'ai travaillé pour lui. Je me suis vendue pour le sortir de prison. C'est moi qui ai fait sa carrière.

—Et après? fait Pierre.

15   —Je suis morte dans un accident de chasse, et l'accident
de chasse, c'était lui.

Le régent continue à bâfrer, se curant parfois les dents d'un ongle délicat.

Pierre, qui n'a pas eu la possibilité de placer un mot, éclate
20   soudain de colère et regarde les morts avec défi.

—Eh bien, quoi? qu'est-ce que ça prouve? que vous avez raté votre vie.

Alors les morts répondent tous ensemble.

—Vous aussi. Bien sûr, nous l'avons ratée. Tout le monde
25   rate sa vie.[32]

Le vieillard qui avait gardé le silence depuis son entrée dans la chambre, prend la parole, et sa voix domine le tumulte:

—On rate toujours sa vie, du moment qu'on meurt.[32]

30   —Oui, quand on meurt trop tôt, s'exclame Pierre.

—On meurt toujours trop tôt... ou trop tard.

—Eh bien, pas moi, vous m'entendez? pas moi!

[32] Typical Sartrian ideas. In Sartre's existentialism, death is an absurdity.

Les rires et les moqueries des autres morts redoublent.
Mais Pierre, debout au milieu d'eux, fait front.

— J'ai préparé l'insurrection contre ce pantin. Elle éclatera
demain. Je n'ai pas raté ma vie. Je suis heureux, moi, je suis
gai, et je ne veux pas être des vôtres...   5

Il se dirige vers la porte puis, se ravisant, revient sur ses
pas et, au milieu des morts qui ricanent, il ajoute:

— ...Non seulement vous êtes morts, mais vous avez mauvais moral.

Furieux, il va vers la sortie, suivi par le vieillard.   10

Derrière lui, les morts continuent de parler en même
temps:

— Tant mieux pour lui s'il est heureux... Il finira bien par
comprendre... Tous les mêmes! Il se croit malin. Il n'est que
ridicule! Vous verrez bien si ça marchera... Il est gai, eh bien, 15
il a de la chance!

Au milieu de ce tohu-bohu, on frappe fortement à la porte.

La bouche pleine, le régent crie:

— Qu'est-ce que c'est?

Au moment où Pierre et son compagnon parviennent à la 20
porte, celle-ci s'ouvre et livre passage à un huissier milicien
qui salue le régent et annonce:

— Le chef de la police demande à vous parler. Il dit que
c'est très pressé et très grave.

— Faites entrer!   25

L'huissier salue et sort.

Pierre et le vieillard se disposent à le suivre, mais brusquement, Pierre se fige sur le seuil. Il voit le chef de la police en
conversation avec Lucien Derjeu. Manifestement, il l'en-
gueule.   30

Lucien, que deux miliciens encadrent, a l'air ennuyé et
apeuré.

Pierre considère Lucien avec stupeur et articule:

—Ça, alors! Le môme, là... C'est lui qui m'a descendu...

Le poing tendu, brusquement menaçant, il crie à l'adresse de Lucien:

—Petite saloperie!

Mais le vieillard lui conseille:

— Ne vous donnez donc pas cette peine.

— Je sais..., mais j'aurais quand même bien voulu lui casser la figure.

Le chef de la police s'avance et s'incline devant le régent. Les morts qui s'étaient un peu écartés reviennent et se groupent autour de la table.

—Qu'est-ce que c'est, Landrieu? demande le régent.

Landrieu, très embêté:

— Un incident déplorable. Excellence... Je...

— Eh bien..., je vous écoute...

— Un de nos indicateurs a fait une bêtise. Il a tué Pierre Dumaine.

Le régent, qui était en train de boire, s'étrangle.

—Pierre Dumaine est mort et vous appelez ça un *incident?*

Il donne sur la table un coup de poing et poursuit:

—Savez-vous ce qui va se passer, Landrieu? Sans Pierre Dumaine, plus d'insurrection. La Ligue n'osera pas bouger sans son chef.

Pierre change de visage. Le vieillard qui semble avoir déjà compris, le regarde du coin de l'œil avec ironie.

—Je lui avais dit de le suivre, Excellence... Il a cru bien faire, répond Landrieu.

Pierre se rapproche encore, se frayant un passage au milieu des autres morts.

Le visage tendu, il écoute.

Le régent crie à la face de Landrieu accablé:

—Il fallait qu'ils la fassent, leur insurrection. Avec les renseignements que nous avions, c'était une occasion unique. Tous les meneurs liquidés d'un seul coup et la Ligue assommée pour dix ans.

Pierre est bouleversé. Le vieillard le questionne d'un petit air innocent:

—Vous ne vous sentez pas bien?

Pierre ne répond pas.

Les morts, tirés de leur torpeur, suivent la discussion avec un intérêt passionné.

Quelques-uns ont compris et regardent alternativement Pierre et le régent avec des sourires entendus.

Landrieu bredouille:

—Tout n'est pas perdu, Excellence.

—Je vous le souhaite, Landrieu. Si *demain* la Ligue ne bouge pas, c'est *vous* qui répondrez de l'excès de zèle de votre mouchard... Allez!

Après une hésitation, mais n'osant plus ajouter une parole, le chef de la police s'incline et gagne la sortie, tandis que le régent furieux dit pour lui-même:

—Trois ans d'efforts. Un budget de police comme on n'en avait jamais vu.

En voyant la mine que fait Pierre, les morts se mettent à rire.

Comme Landrieu vient d'atteindre la porte, le régent hurle une dernière fois:

—Ça vous coûtera votre place, Landrieu!

Le chef de la police se retourne et s'incline.

Au milieu des morts qui continuent à ricaner, Pierre dit:

—Ça vous fait rire? Tous les copains vont se faire massacrer.

—Vous devenez pessimiste! ironise le chef milicien.

—Vous me dégoûtez! crie Pierre.

Puis il s'éloigne et, profitant de ce que Landrieu a ouvert la porte, sort rapidement, suivi du vieillard.

LA RUE DES CONSPIRATEURS

Un jeune ouvrier arrive en
5 courant devant la porte de l'immeuble dans lequel Pierre Dumaine avait tenu la réunion secrète au cours de laquelle furent arrêtés les derniers détails de l'insurrection.

Après avoir jeté un bref coup d'œil autour de lui, le jeune homme entre.

UN ESCALIER D'IMMEUBLE

10 Le jeune ouvrier s'arrête devant la porte d'une chambre, sur un palier sordide.

Derrière le jeune homme, Pierre et son vieux compagnon sont là. Ils attendent.

Le jeune ouvrier tout en frappant nerveusement contre le
15 panneau, crie à travers la porte:

—Eh! les gars! il paraît qu'ils ont butté Dumaine.

On entend des pas rapides qui se rapprochent, puis la porte s'ouvre.

Dixonne intervient:

20 —Qu'est-ce que tu dis?

—Paraît[33] qu'ils ont butté Dumaine, répète l'autre.

Venant de l'intérieur de la pièce, la voix de Langlois insiste:

— Tu es sûr?

— C'est Paulo qui m'a dit ça. 5

Pierre regarde alternativement les visages de ses anciens compagnons.

— Les salauds! gronde Dixonne. File aux nouvelles. Quand tu sauras quelque chose, passe chez moi.

— D'accord, acquiesce le jeune ouvrier qui dévale aussitôt 10 l'escalier.

LA CHAMBRE DES CONSPIRATEURS

Dixonne repousse machinalement la porte sans la refermer complètement. Il se retourne vers les camarades qui l'entourent. Les quatre hommes restent sur place, silencieux. 15

Dans l'entrebâillement de la porte apparaît le visage de Pierre. Il écoute, le visage grave.

Enfin, Langlois rompt le silence pesant:

— Si Dumaine est mort, on marche quand même demain?

— Plutôt deux fois qu'une,[34] répond Dixonne. Ils paieront 20 ça aussi. Vous n'êtes pas d'accord, les gars?

Poulain et Renaudel approuvent:

— D'accord.

— Plutôt deux fois qu'une.

[33] Paraît, should be Il paraît.
[34] Plutôt deux fois qu'une, *all the more*.

—Ça va, conclut Dixonne. Maintenant, au boulot. Il n'y a pas de temps à perdre...

Pierre, dans l'entrebâillement de la porte, essaie d'ouvrir la porte. Il s'arc-boute. La porte ne bouge pas.

5 Dixonne s'adresse à Poulain encore debout:

—Donne un peu d'air, on la crève[35] ici.

Poulain s'exécute, ouvre la fenêtre et, sous l'effet du courant d'air, d'un seul coup, la porte se referme...

L'ESCALIER

Pierre se tient contre la porte 10 refermée. Il frappe sans qu'on entende le moindre bruit et crie à travers la porte.

—C'est un piège, les gars! Ne faites rien! C'est un piège.

Pour toute réponse, on entend quelqu'un qui s'approche et ferme à clef, de l'intérieur.

15 Pierre regarde le vieillard qui lui fait signe de ne pas insister. Pierre sait bien l'inutilité de ses efforts, et il en souffre pour la première fois.

Il se retourne et dit avec un grand désespoir:

—Demain, ils seront tous morts ou arrêtés. Et ce sera ma 20 faute.

Le vieux gentilhomme fait un geste qui signifie: «Qu'y pouvez-vous?»

Pierre, maintenant, martèle rageusement la rampe de coups de poing insonores:

[35] on la crève (slang), *we are dying* (*for air*).

— Bien sûr, tout le monde se fout de tout ici. Mais pas moi, vous entendez ? Pas moi.

CHEZ LES CHARLIER

Dans la chambre aux volets mi-clos, le corps d'Eve repose sur son lit.

Agenouillée, Lucette tient la main de sa sœur et pleure, la 5 joue posée sur cette main.

Immobile, André est debout derrière sa jeune belle-sœur.

Eve se tient toute droite, le dos contre le mur, les bras croisés et observe la scène d'un regard dur.

Lucette relève la tête, baise passionnément la main de sa 10 sœur. Elle gémit, désespérée:

— Eve, Eve, ma chérie.

André se penche sur Lucette, la prend doucement aux épaules et la force à se relever.

— Venez, Lucette..., venez... 15

La jeune fille se laisse convaincre.

André l'entraîne en la tenant par la taille.

Elle pose sa tête contre l'épaule d'André.

Ce dernier conduit Lucette jusqu'à un canapé et la fait asseoir. 20

Ils sont passés devant Eve qui, lentement, leur emboîte le pas, sans cesser de les regarder avec une dureté inquiète. Elle vient se placer derrière le canapé, et attend...

Tout à coup, une voix d'homme se fait entendre:

— Bonjour!

Eve se retourne brusquement.

Son visage s'éclaire et soudain, très émue, elle murmure:

— Papa!

5 Le père d'Eve, aimable et souriant, passe la tête par l'entre-bâillement de la porte du salon. Il se glisse dans l'ouverture étroite et s'avance vers Eve:

— J'ai appris que tu étais parmi nous. Je suis venu te souhaiter la bienvenue.

10 C'est un vieillard encore vert, très distingué, tiré à quatre épingles:[38] guêtres, œillet à la boutonnière. Il personnifie le type achevé du vieux clubman, incurablement léger.

Il rejoint Eve qui, très émue, est restée sur place, et lui tend les mains. Elle se jette dans ses bras.

15 — Père, que je suis heureuse! Il y avait si longtemps...

Le père l'embrasse légèrement sur le front et la repousse doucement, des deux mains. Eve en reculant, garde les deux mains de son père dans les siennes et contemple celui-ci avec émotion. Puis cette émotion se reporte sur Lucette et elle dit

20 soudain:

— Papa... Notre petite Lucette... Il faut que tu saches ce qui se passe ici.

Le père a l'air gêné et même un peu mécontent. Il ne veut pas regarder du côté que lui désigne Eve.

25 — Crois-tu vraiment, dit-il, que ce soit nécessaire? J'ai très peu de temps, mon enfant.

Eve le force à se retourner vers le canapé.

— Regarde!

Lucette a toujours la tête sur l'épaule d'André et pleure

30 doucement. Lui ayant entouré les épaules de son bras, André la serre contre lui.

---

[38] tiré à quatre épingles, *dapper.*

Le père regarde, mais il est visible qu'il en est gêné et voudrait être ailleurs...

— Tu vois? demande Eve.

— Ne pleurez pas, Lucette, dit André.

Eve, sans quitter le couple des yeux, s'adresse à son père: 5
— Ecoute...

— Vous n'êtes pas seule, vous le savez bien, poursuit André. Je vous aimerai comme Eve vous aimait... Je vous aime tendrement, Lucette. Vous êtes si charmante et si jeune...

Lucette lève les yeux vers André qui lui sourit, puis, avec 10
une confiance enfantine, elle laisse aller de nouveau sa tête sur son épaule. Eve a un geste de pitié et de tendresse pour sa sœur et pose sa main sur les cheveux et le front de Lucette.

Au même instant, André se penche et baise Lucette sur la tempe. 15

Eve, avec dégoût, retire sa main brusquement:
— Père!

Mais le père fait un geste d'impuissance:
— Eh! oui, mon enfant... eh! oui.

En même temps, il fait quelques pas, comme s'il cherchait 20
à s'écarter de ce spectacle pénible.

— Père, il m'a empoisonnée parce que je le gênais...

Le père, ayant fait encore quelques pas, esquisse un geste vague.

— Je l'ai vu faire... Ça n'est pas beau... Ça n'est pas beau du 25
tout...

Eve regarde son père, outrée de tant d'indifférence.

— Mais c'est ta fille, père. Il la fera souffrir.

Eve et son père sont maintenant chacun d'un côté du canapé, avec, entre eux, Lucette et André. 30

— Evidemment, c'est très regrettable...

— C'est tout ce que tu trouves à dire?

Le père regarde Eve d'un air égaré, et réplique avec violence:

— Qu'est-ce que tu veux que je dise? Je savais ce qui m'attendait ici. Je savais que je n'y pourrais rien. Pourquoi m'as-tu
5 empêché de partir?

Puis sa colère se détourne sur André:

— Nous te voyons, André, nous t'entendons. Tu devras
rendre des comptes un jour. Assassin! Nous savons tout,
entends-tu?... Lucette! Pour l'amour de Dieu, Lucette,
10 écoute-moi, je...

Lucette, la tête toujours posée sur l'épaule d'André, souriant à travers ses larmes et se blottissant davantage contre
lui, murmure:

— Vous êtes bon, André...[39]

15 Le père s'arrête net au milieu de sa phrase. Puis sa colère
tombe et il écarte les bras dans un geste de résignation attris-
tée. Il s'adresse à Eve:

— Tu vois ce que tu me fais faire, mon enfant? Je suis
ridicule. Allez, je préfère m'en aller...

20 Il se dirige vers la porte, mais Eve court après lui:

— Lucette était ta préférée.

— On oublie vite les vivants, tu verras... Quand tu étais
fiancée, je me rongeais de te voir avec ce saligaud. Je te l'ai
dit souvent. Mais tu lui souriais sans m'entendre, comme
25 Lucette...

Ils continuent à marcher jusqu'à la porte:

— Allons, au revoir, mon enfant. Tu vas me mettre en
retard. J'ai un bridge dans dix minutes.

Eve s'étonne:

30 — Un bridge?

— Oui. Nous regardons jouer les vivants. Nous voyons les

---

[39] Vous êtes bon, André: note the terrible irony which this remark has
for us.

quatre jeux. C'est très amusant. Et puis, nous jouerions tellement mieux qu'eux, si nous pouvions tenir les cartes...

Tout en parlant, Eve et son père sont parvenus à la porte
du salon. Sur le seuil, ils se retournent.

André et Lucette se sont levés. André presse contre lui sa 5
jeune belle-sœur, qu'il tient par la taille, et qu'il entraîne vers
une autre pièce. Il ouvre la porte.

Alors qu'ils vont sortir, Eve se précipite pour les suivre,
mais elle arrive à la porte au moment où André la referme.

Eve, bouleversée, s'appuie contre le panneau, le frappe de 10
toutes ses forces sans qu'on entende un son.

En même temps, elle jette des appels angoissés:

— Lucette! Lucette!

Elle cesse de frapper à la porte et se tourne vers son père.
Celui-ci est prêt à partir. Il regarde Eve et lui conseille: 15

— Ne reviens plus ici si ça doit te faire de la peine. Allons,
au revoir, ma petite fille,... au revoir...

Il disparaît.

Eve reste un moment sur place et jette un dernier regard
sur la porte. 20

L'ARRIERE-BOUTIQUE

La vieille dame est assise à son
bureau. En face d'elle, se tient debout, très intimidée, une
toute jeune fille en pull-over. Ses cheveux en désordre ont
été mouillés et pendent tout raides autour de son visage. La
vieille dame lui tend le porte-plume, en disant d'un ton 25
bourru et affectueux:

—C'est du joli[40] de vous noyer à cet âge! Signez! Vous êtes bien avancée, maintenant...

Et comme la petite reste devant elle, les yeux baissés, elle ajoute:

5   —La sortie est par là, mon enfant...

La petite sort.

La vieille dame secoue la tête, passe le tampon-buvard sur la signature et dit, en refermant le registre:

—Allez... Fini pour aujourd'hui.

10   A ce moment précis, une voix d'homme emplit la pièce, une voix énorme et grave:

—Non, madame Barbezat, non!

La vieille dame sursaute et prend aussitôt l'air contrit d'une employée rappelée à l'ordre.

15   La voix reprend:

—Veuillez consulter votre registre au chapitre: «Réclamations».

—Bien, monsieur le directeur, répond humblement la vieille dame, sans lever les yeux.

20   Elle ouvre son registre, ajuste son face-à-main, et consulte le chapitre indiqué, en tête duquel elle peut lire cette indication:

«Pierre Dumaine-Eve Charlier. Rencontre fixée: dix heures et demie, au parc de l'Orangerie.»

25   La vieille dame referme son face-à-main et soupire:

—Allons bon! Encore des complications.

---

[40] C'est du joli, *It's a fine mess.*

UN PARC

Pierre et le vieillard chemi-
nent côte à côte dans une allée du parc.

Pierre, fatigué, s'adresse à son compagnon:

— C'est une belle saloperie d'être mort!

— Oui... Mais il y a quand même de petites compensa- 5
tions...

— Vous n'êtes pas difficile!

— Pas de responsabilités. Pas de soucis matériels. Une liberté totale. Des distractions de choix.

Pierre ricane amèrement: 10

— Le régent, par exemple.

— Vous vous placez toujours du point de vue de la terre.
Mais vous finirez par vous faire une raison.

— J'espère bien que non. La sagesse des morts me déroute.

A ce moment, ils croisent une jolie marquise. Le vieillard 15
la suit des yeux en souriant, et il ajoute:

— Et puis, il y a de jolies mortes...

Pierre ne répond pas.

Petit à petit, un chant nasillard de flûte s'impose à l'oreille
de Pierre; le chant se rapproche.   20

Pierre aperçoit tout à coup, devant lui, un vieux clochard
aveugle qui se tient accroupi à l'angle d'une allée.

Il a posé sa sébile devant lui et joue de la flûte. Les vivants,
en passant, jettent des pièces dans la sébile.

Pierre s'arrête devant l'aveugle, le regarde et dit: 25

— C'est les vivants qui m'intéressent. Tenez, ce vieux

clochard. C'est un pauvre type. Le dernier des hommes. Mais il est vivant.

Doucement, il s'accroupit près de l'aveugle. Il le regarde, comme fasciné. Il lui touche le bras, puis l'épaule, et mur
5   mure, ravi:

— C'est vivant!

Il lève les yeux vers le vieillard et interroge:

— Ça n'est jamais arrivé à personne de revenir sur terre pour arranger ses affaires?

10   Mais le vieillard ne l'entend point, trop occupé à sourire à la jolie marquise du xvɪɪɪᵉ siècle, qui repasse près d'eux. Très émoustillé, le vieillard s'excuse auprès de Pierre:

— Vous permettez?

Pierre répond avec indifférence:

15   — Je vous en prie...

Le vieillard fait deux pas en direction de la marquise, puis se ravise et croit devoir expliquer:

— Cela ne va jamais très loin, mais cela fait passer le temps.

20   Puis, vivement, il emboîte le pas à la marquise.

Pierre passe son bras autour de l'épaule du clochard, et se serre contre lui, comme s'il voulait lui prendre un peu de sa chaleur.

Un court instant, il demeure dans cette attitude jusqu'à
25   ce qu'une voix lui demande:

— Qu'est-ce que vous faites là?

Pierre a reconnu la voix d'Eve.

Il se retourne et se lève brusquement.

La jeune femme le contemple et lui sourit:

30   — Il n'y a pas de quoi rire, dit Pierre.

— Vous étiez si drôle, avec ce bonhomme!

— Il est vivant, vous comprenez? rétorque-t-il, comme pour s'excuser.

—Pauvre vieux! murmura-t-elle, je lui donnais toujours quelque chose en passant..., mais à présent...

En parlant, elle s'est assise à son tour auprès du vieux bonhomme, qu'elle regarde, elle aussi, avec un sentiment de regret et d'envie.

Pierre se rassied, de l'autre côté de l'aveugle. Ils sont ainsi, Eve et lui, de chaque côté du mendiant.

—Oui, dit-il, à présent, c'est nous qui aurions besoin de lui. Ah! si je pouvais me glisser dans sa peau et retourner sur terre un moment, rien qu'un petit moment.

—Ça m'arrangerait bien, moi aussi.

—Vous avez des ennuis, de l'autre côté?

—Un seul, mais qui compte.

Pendant qu'ils parlent, l'aveugle s'est mis à se gratter; discrètement d'abord, puis de plus en plus vigoureusement.

Ni Pierre, ni Eve ne le remarquent tout de suite, parce que, dès qu'ils parlent de leurs ennuis, ils cessent de regarder le vieux, ou bien se regardent l'un et l'autre.

—Moi, c'est pareil, déclare Pierre, c'est peut-être ridicule, mais je n'arrive pas à l'oublier.

Tout à coup, sans raison apparente, il se met à rire.

—Qu'est-ce qui vous fait rire? demande-t-elle.

—Je vous imaginais dans la peau du vieux.

Eve hausse les épaules.

—Celle là ou une autre...

—Vous perdriez au change, assure Pierre, en la regardant.

A cet instant, l'aveugle cesse brusquement de jouer et se gratte le mollet avec violence.

Eve se lève et reconnaît:

—Tout de même, j'aimerais mieux qu'on en trouve une autre.

Souriant, Pierre se redresse également, et ils s'éloignent en abandonnant le vieil aveugle.

Côte à côte, ils suivent maintenant une allée du parc. Ils ne parlent plus.

A quelques mètres, deux femmes quelconques les croisent. A chacune d'elles, Pierre jette un coup d'œil critique, puis,
5 brusquement, il déclare:

— Ça doit être rare.

Mais Eve ne comprend pas.

— Quoi donc?

— Une vivante avec qui vous ne perdriez pas au change.
10 Eve sourit au compliment, mais, presque aussitôt, ils croisent une jeune femme, élégante et jolie.

Eve déclare, affirmative:

— Celle-là...

Pierre fait «non» de la tête, comme si Eve n'avait aucun
15 goût, et, très naturellement, il lui prend le bras. Elle a une légère réaction, mais ne tente pas de se dégager.

Sans la regarder, Pierre dit alors:

— Vous êtes belle.

— J'étais belle, rectifie Eve en souriant.
20 Toujours sans la regarder, Pierre répond:

— Vous êtes belle. La mort vous va bien. Et puis, vous avez une de ces robes...

— C'est une robe de chambre.

— Vous pourriez la mettre pour aller au bal.
25 Tous deux restent un instant silencieux, puis il questionne:

— Vous habitiez la ville?

— Oui.

— C'est bête, murmure-t-il. Si je vous avais rencontrée avant...
30 — Qu'est-ce que vous auriez fait?

Pierre se tourne brusquement vers la jeune femme avec une sorte d'élan. Il va dire quelque chose, mais les mots s'arrêtent au bord de ses lèvres.

Son visage se rembrunit, et il grogne:

— Rien.

Eve le regarde d'un air interrogateur. Il hausse les épaules.
Puis il dit soudain, en s'arrêtant:

— Tenez, regardez ces deux-là.

Une luxueuse voiture, pilotée par un chauffeur en livrée,
vient de s'immobiliser au bord du trottoir.

Une jeune femme, très jolie, très élégante, en descend,
suivie d'un caniche qu'elle tient en laisse. Cette jeune femme
fait quelques pas.

Sur le même trottoir, venant au-devant d'elle, s'avance un
ouvrier d'une trentaine d'années. Il porte un tuyau de fonte
sur l'épaule.

— Elle, constate Pierre, c'est à peu près votre genre, en
moins bien. Lui, c'est un type comme moi, en moins bien
aussi...

Pendant qu'il parle, la jolie femme et l'ouvrier se croisent.

— Ils se rencontrent, poursuit Pierre...

La passante élégante et l'ouvrier s'éloignent, chacun de son
côté.

Pierre se tourne vers Eve, et conclut simplement:

— Et voilà... Ils ne se sont même pas regardés.

En silence, ils reprennent leur promenade.

UN ETABLISSEMENT MONDAIN
DANS LE PARC

Un établissement très chic,
sorte de laiterie mondaine, immense terrasse, des tables et

des chaises en rotin clair, une pergola blanche et une piste
pour les danseurs. Quelques tables sont occupées par des con-
sommateurs très élégants.

La jeune femme qui vient de descendre de la voiture re-
5 joint ses amis.

Deux chevaux de selle sont attachés à une barrière. Une
amazone descend de cheval, aidée par un lad.

Pierre et Eve, poursuivant leur promenade silencieuse, arrivent devant l'établissement. Pierre propose à sa compagne:

10   — Allons nous asseoir.

Ils se dirigent vers la laiterie au moment où l'élégante
amazone passe juste devant eux, et Pierre, la suivant du regard, déclare:

— Je n'ai jamais compris qu'on se déguise pour monter à
15 cheval.

Eve approuve, gaiement:

— C'est ce que je lui ai dit souvent.

Et elle ajoute, à l'adresse de l'amazone:

— N'est-ce pas, Madeleine?

20   Pierre, confus, balbutie:

— Oh! vous la connaissiez? Je vous demande pardon...

— C'est une des relations de mon mari, précise Eve en
riant.

Madeleine s'est approchée d'un groupe de trois person-
25 nages, deux hommes et une femme. Les deux hommes se
lèvent et baisent cérémonieusement la main de la nouvelle
arrivée. Ils sont en tenue de cheval très chic: melon clair,
veston cintré, cravate blanche. L'un des cavaliers offre galamment un siège à l'amazone:

30   — Asseyez-vous, chère amie.

La jeune femme s'assied, pose son melon sur la table, ébou-
riffe ses cheveux et dit d'une voix mondaine:

— Le bois était un pur charme ce matin.

Pierre a suivi la scène. Il s'informe:

— On vous baisait aussi la main, à vous?

— Quelquefois.

Alors Pierre l'invite à s'asseoir, sans toucher la chaise, en
imitant les gestes et la voix du cavalier: 5

— Asseyez-vous, chère amie.

Eve entre dans le jeu, s'assied et tend sa main à baiser, avec
une grâce affectée.

Après une petite hésitation, Pierre saisit la main offerte et
la baise, assez gauchement, mais gentiment tout de même. 10
Puis il s'assied à côté d'Eve en déclarant d'une voix naturelle:

— Il faudra que je travaille sérieusement.

Eve répond, en imitant la voix de l'amazone et en minau-
dant comme elle:

— Du tout, du tout, cher ami, vous avez des dispositions. 15

Mais Pierre ne relève pas la plaisanterie. Il regarde du côté
des cavaliers d'un air sombre. Puis ses yeux se perdent dans
le vide et il reste songeur.

Eve l'observe un moment. Enfin, elle dit, pour dire quelque chose: 20

— Il vous plaît, cet endroit?

— Oui, mais pas les gens qui y viennent.

— J'y venais souvent.

— Je ne dis pas ça pour vous, répond-il, toujours soucieux.

Un nouveau silence s'établit entre eux.   25

— Vous n'êtes pas bavard, reproche-t-elle enfin.

Pierre se tourne vers elle:

— C'est vrai, dit-il. Pourtant, écoutez...

Mais il semble un peu égaré.

Il la regarde avec une grande tendresse.   30

— Je voudrais vous dire des tas de choses, mais je me sens
vidé dès que je commence à parler. Tout fiche le camp.[41]

[41] Tout fiche le camp (trivial expression), *Everything goes to blazes.*

Tenez, je vous trouve belle, par exemple. Eh bien, ça ne me fait pas vraiment plaisir. C'est comme si je regrettais quelque chose...

Eve lui sourit avec une douceur triste.

5   Elle va sans doute parler, mais deux voix joyeuses, très proches, l'en empêchent.

Ce sont celles d'un jeune homme et d'une jeune fille qui hésitent devant une table libre.

Le jeune homme interroge:

10   — Là?

— Comme vous voudrez.

— Face à face, ou à côté de moi?

La jeune fille, après une légère hésitation, décide en rougissant:

15   — A côté de vous.

Ils prennent place à la table même qu'occupent Pierre et Eve.

Alors que la jeune fille hésitait dans le choix de sa place, Pierre a fait le geste machinal de se lever pour céder la

20 sienne.

Cependant, une serveuse s'approche et le jeune homme commande:

— Deux portos flips.

Eve observe les deux jeunes gens et dit:

25   — Elle est jolie.

Pierre, sans quitter des yeux sa compagne, sourit et approuve:

— Très jolie.

Mais on sent que c'est à Eve qu'il pense. Elle s'en est

30 aperçue et se trouble un peu.

La jeune fille demande:

— A quoi pensez-vous?

— Je pense, répond le jeune homme, qu'on habite depuis

vingt ans la même ville et qu'on a failli ne pas se connaître.

— Si Marie n'avait pas été invitée chez Lucienne.

— ...On ne se serait peut-être jamais rencontré.

Et, d'une seule voix, ils s'exclament:

— On l'a échappé belle! [42]

La serveuse a posé deux verres devant eux. Ils s'en saisissent et trinquent gravement, les yeux dans les yeux.

Tandis que les verres se choquent, les voix des jeunes gens s'assourdissent, et ce sont les voix de Pierre et d'Eve qui prononcent:

— A votre santé!

— A votre santé!

Les voix un instant étouffées des deux jeunes gens se font plus distinctes. C'est elle qui reproche:

— Ce jour-là, vous n'aviez pas l'air de faire attention à moi...

— Moi? proteste le jeune homme indigné. Dès que je vous ai vue, j'ai pensé: elle est faite pour moi. Je l'ai pensé et je l'ai senti dans mon corps.

Pierre et Eve se regardent, écoutent, sans bouger, et l'on sent qu'ils voudraient que les paroles des jeunes gens soient les leurs. Leurs lèvres ont parfois des mouvements nerveux comme s'ils allaient parler.

Le jeune homme poursuit:

— Je me sens plus fort et plus solide qu'avant, Jeanne. Aujourd'hui, je soulèverais des montagnes.

Le visage de Pierre s'anime et il regarde Eve comme s'il la désirait.

Le jeune homme tend la main à son amie qui lui donne la sienne.

Pierre a pris la main d'Eve.

— Je vous aime, murmure le jeune homme.

[42] On l'a échappé belle! *We had a narrow escape!*

Les deux jeunes gens s'embrassent.

Eve et Pierre se regardent, profondément troublés. Il entr'ouvre la bouche, comme s'il allait dire: «Je vous aime...»

Le visage d'Eve se rapproche du sien. On a un moment
5 l'impression qu'ils vont s'embrasser.

Mais Eve se reprend. Elle s'écarte de Pierre et se lève, sans toutefois lâcher sa main.

— Venez danser, dit-elle.

Pierre la regarde, étonné:
10 — Je danse très mal, vous savez.

— Ça ne fait rien, venez!

Pierre se lève, hésitant encore:

— Tout le monde va nous regarder.

Cette fois, Eve rit franchement:
15 — Mais non, voyons! Personne.

A son tour, il rit de sa bévue et enlace la jeune femme avec un peu de timidité.

Ils gagnent la piste passant entre les tables.

Ils sont bientôt seuls sur la piste, et Pierre entraîne sa com
20 pagne avec plus d'assurance.

— Qu'est-ce que vous racontiez? remarque Eve, vous dansez très bien.

— C'est bien la première fois que l'on me dit ça.

— C'est moi qu'il vous fallait pour danseuse.
25 — Je commence à le croire...

Ils se regardent et dansent un moment en silence.

— Dites-moi, interroge Pierre tout à coup, qu'est-ce qui se passe? Je ne pensais qu'à mes ennuis tout à l'heure, et maintenant, je suis là... Je danse et je ne vois que votre sourire...
30 Si c'était ça, la mort...

— Ça?

— Oui. Danser avec vous, toujours, ne voir que vous, oublier tout le reste...

— Eh bien?

— La mort vaudrait mieux que la vie. Vous ne trouvez pas?

— Serrez-moi fort, souffle-t-elle.   5

Leurs visages sont tout proches l'un de l'autre. Ils dansent
encore un instant, et elle répète:

— Serrez-moi plus fort!

Brusquement, le visage de Pierre s'attriste. Il s'arrête de
danser, s'éloigne un peu d'Eve et murmure: 10

— C'est une comédie. Je n'ai même pas effleuré votre
taille...

Eve comprend à son tour:

— C'est vrai, dit-elle lentement, nous dansons chacun tout
seul...   15

Ils demeurent debout l'un en face de l'autre.

Puis Pierre avance ses mains comme pour les poser sur
les épaules de la jeune femme, puis il les ramène vers lui avec
une sorte de dépit:

— Mon Dieu, dit-il, ce serait si doux de toucher vos épaules. 20
J'aimerais tant respirer votre souffle quand vous me souriez.
Mais ça aussi, je l'ai manqué. Je vous ai rencontrée trop
tard...

Eve pose sa main sur l'épaule de Pierre.

Elle le regarde de tous ses yeux: 25

— Je donnerais mon âme pour revivre un instant et danser
avec vous.

— Votre âme?

— C'est tout ce qui nous reste.

Pierre se rapproche de sa compagne et l'enlace à nouveau. 30
Ils se remettent à danser très doucement, joue contre joue,
en fermant les yeux.

Soudain Pierre et Eve quittent la piste de danse et s'éloignent dans la rue Laguénésie dont le décor s'est brusquement
dressé autour d'eux, tandis que la laiterie s'efface lentement.[44]

5   Pierre et Eve dansent toujours sans s'apercevoir de ce qui
s'est passé. Ils sont maintenant absolument seuls, dans cette
impasse dont on aperçoit au fond l'unique boutique.

Enfin, dans un lent mouvement, le couple cesse de danser.
Ils ouvrent les yeux, s'immobilisent.

10   Eve s'écarte un peu et dit:
— Il faut que je vous quitte. On m'attend.
— Moi aussi.

A cet instant seulement, ils regardent autour d'eux et
reconnaissent l'impasse Laguénésie.

15   Pierre dresse la tête, comme s'il entendait un appel et dit:
— C'est nous deux qu'on attend...

Ensemble, ils se dirigent vers la sombre boutique; la musique de danse s'estompe et l'on entend résonner le tintement
de la clochette d'entrée.

L'ARRIERE-BOUTIQUE

20   La vieille dame est assise à son
pupitre, les coudes posés sur son grand registre fermé, le
menton appuyé sur ses mains jointes.

Le chat est installé sur le registre comme à son habitude.

Eve et Pierre s'approchent timidement de la vieille dame.

25   Celle-ci se redresse:

[44] Note the cinema technique.

—Ah! vous voilà! Vous êtes en retard de cinq minutes.

—Nous ne nous sommes pas trompés? demande Pierre. Vous nous attendiez?

La vieille dame ouvre le gros livre à une page marquée d'un signet et commence à lire d'une voix de greffier, froide 5 et sans timbre:

—Article 140: si, par suite d'une erreur imputable à la seule direction, un homme et une femme qui étaient destinés l'un à l'autre ne se sont pas rencontrés de leur vivant, ils pourront demander et obtenir l'autorisation de retourner sur 10 terre sous certaines conditions, pour y réaliser l'amour et y vivre la vie commune dont ils ont été indûment frustrés.

Ayant terminé sa lecture, elle relève la tête, et regarde à travers son face-à-main le couple ahuri.

—C'est bien pour ça que vous êtes ici?   15

Pierre et Eve s'entre-regardent, et sous leur ahurissement perce une grande joie.

—C'est-à-dire..., fait Pierre.

—Désirez-vous retourner sur terre?

—Mon Dieu, madame..., dit Eve.   20

La vieille dame insiste avec un léger agacement:

—Je vous pose une question précise, fait-elle avec impatience; répondez.

Pierre lance à sa compagne un nouveau regard, joyeusement interrogatif.   25

De la tête, Eve fait: «Oui.»

Alors, il se retourne vers la vieille dame et déclare:

—Nous le désirons, madame. Si c'est possible, nous le désirons.

—C'est possible, monsieur, assure la vieille dame. Cela 30 complique énormément le service, ajoute-t-elle, mais c'est possible.

Pierre saisit brusquement le bras d'Eve. Mais il le lâche

bien vite et son visage redevient sérieux sous le regard sévère que lui lance la vieille dame.

Comme un officier d'état civil, elle interroge Pierre:

— Vous prétendez être fait pour Madame?

5 — Oui, dit-il timidement.

— Mme Charlier, vous prétendez être faite pour Monsieur?

Rougissante comme une jeune mariée, Eve murmure:

— Oui.

10 La vieille dame se penche alors sur son registre, tourne les pages et marmonne:

— Camus... Cera... Chalot... Charlier... Bon, Da... di, di... do... Dumaine... Bon, bon, bon. C'est parfait. Vous étiez authentiquement destinés l'un à l'autre. Mais il y a eu erreur au 15 service des naissances.

Eve et Pierre se sourient, heureux et confus, et leurs mains se serrent furtivement.

Eve est un peu étonnée. Pierre, un peu fat.

La vieille dame se renverse en arrière et les examine attentivement, et les regarde à travers son face-à-main:

20 — Beau couple! fait-elle.

Cependant, la vieille dame se penche à nouveau sur le livre dans lequel elle a lu le fameux article 140. Mais cette fois, c'est pour résumer:

25 — Voici les conditions auxquelles vous devez satisfaire. Vous reviendrez à la vie. Vous n'oublierez rien de ce que vous avez appris ici. Si, au bout de vingt-quatre heures, vous avez réussi à vous aimer en toute confiance et de toutes vos forces, vous aurez droit à une existence humaine entière.

30 Puis elle désigne sur son bureau un réveille-matin:

— Si dans vingt-quatre heures, c'est-à-dire demain à 10 h. 30, vous n'y êtes pas parvenus...

Pierre et Eve fixent avec angoisse le réveille-matin.

— S'il demeure entre vous la plus légère défiance, eh bien, vous reviendrez me voir et vous reprendrez votre place parmi nous. C'est entendu?

Il y a chez Pierre et Eve un mélange de joie et de crainte qui se traduit par un acquiescement timide: 5

— Entendu.

Cependant, la vieille dame se lève et prononce solennellement:

— Eh bien, vous êtes unis.

Puis, changeant de ton, elle leur tend la main avec un sou- 10
rire:

— Toutes mes félicitations.

— Merci, madame, répond Pierre.

— Mes vœux vous accompagnent.

Pierre et Eve s'inclinent, puis, se tenant par la main, un 15
peu gauches, ils se dirigent vers la porte.

— Pardon, madame. Mais quand nous arriverons là-bas, qu'est-ce que vont penser les vivants?

— Nous n'aurons pas l'air trop louche? s'inquiète Eve.

La vieille dame secoue la tête, en fermant son registre: 20

— Ne vous inquiétez pas. Nous remettrons les choses dans l'état où elles se trouvaient à la minute même où vous êtes morts. Personne ne vous prendra pour des fantômes.

— Merci, madame...

Eve et Pierre s'inclinent à nouveau. Puis ils sortent en se 25
tenant toujours par la main.

LA PETITE RUE ET LA PLACE

C'est la petite rue dans la-
quelle, à l'issue de sa première entrevue avec la vieille dame,
Pierre avait rencontré le vieillard. Au bout de la rue, on aperçoit la petite place sur laquelle se croisent vivants et morts.

5   A côté de la porte, assis sur une borne, le vieillard «attend
le client». Tout près de là, accroupi sur le bord d'une marche,
un ouvrier d'une quarantaine d'années.

Pierre et Eve sortent de chez la vieille dame et font quelques pas.

10   Le vieillard qui ne les voit que de dos, ne les reconnaît pas.
Il se lève vivement, avec une exquise politesse:

— Soyez les bienvenus parmi nous.

Pierre et Eve se retournent alors qu'il esquisse une révérence. Sa surprise, en reconnaissant ses anciens compagnons,

15   laisse la révérence inachevée, et il s'exclame:

— Tiens, c'est vous? Vous aviez une réclamation à faire?

— Vous vous rappelez ce que je vous demandais? dit Pierre.
Si personne ne retournait jamais sur terre? Eh bien, nous y
retournons.

20   En parlant, il a pris Eve par le bras.

Derrière eux, l'ouvrier a dressé la tête. Il se lève et s'approche du groupe, mais avec un visage intéressé et plein d'espoir.

— C'est une faveur spéciale? questionne le vieillard.

— C'est l'article 140, explique Eve. Nous étions faits l'un

25   pour l'autre.

—Je vous félicite sincèrement, déclare le vieillard. J'allais
me proposer comme guide, mais dans ce cas...

Il émit un petit rire complice:

—Vous vous passerez de moi, madame.

Pierre et Eve, amusés, lui font, de la main, un petit adieu 5
aimable, se retournent et trouvent devant eux l'ouvrier qui
leur dit, avec un grand espoir, mais beaucoup de timidité:

—Je vous demande pardon, messieurs, dames. C'est vrai
ce que vous dites? Vous retournez?

—Mais oui, mon gars, fait Pierre. Pourquoi? 10

—Je vous aurais demandé un service...

—Dis toujours.

—Ben,[45] voilà. Je suis mort il y a dix-huit mois. Ma femme
a pris un amant. Ça, je m'en fous. Mais c'est pour ma petite
fille. Elle a huit ans. Le type ne l'aime pas. Si vous pouviez 15
aller la chercher pour la mettre ailleurs...

—Il la bat? demande Eve.

—Tous les jours, répond l'autre. Et tous les jours je vois
ça sans pouvoir l'empêcher. Ma femme le laisse faire. Elle
l'a dans la peau, vous comprenez... 20

Pierre lui donne une tape amicale sur l'épaule:

—On s'en occupera, de ta gosse.[46]

—C'est vrai de vrai?[47] Vous voulez bien?

—C'est promis, assure Eve à son tour. Où habitez-vous?

—13, rue Stanislas. Mon nom, c'est Astruc. Vous n'ou- 25
blierez pas?

—C'est promis, affirme Pierre. J'habite tout près. Et maintenant, laissez-nous, mon vieux...

L'ouvrier, très ému, recule gauchement en murmurant:

---

[45] Ben, colloquial for Bien.
[46] On s'en occupera, de ta gosse: *en* is repeated in de ta gosse.
[47] vrai de vrai, colloquial for réellement vrai.

—Merci bien, messieurs, dames, merci bien, et bonne chance.

Il s'éloigne de quelques pas, se retourne, et regarde encore une fois Eve et Pierre avec une expression d'espoir et d'en-
5 vie.

Pierre entoure sa compagne de ses bras.

Ils sont rayonnants.

—Comment vous appelez-vous? demande Pierre.

—Eve. Et vous?
10   —Pierre.

Puis il se penche sur son visage et l'embrasse.

Brusquement, les lumières s'éteignent et Eve et Pierre ne sont plus que deux silhouettes qui, à leur tour, disparaissent complètement.
15   Il ne reste plus au milieu de la rue que l'ouvrier qui agite sa casquette et crie de toutes ses forces:

—Bonne chance! Bonne chance!

LA ROUTE DE BANLIEUE

Sur la route de banlieue, la roue de bicyclette de Pierre continue lentement à tourner.
20   Pierre est allongé sur le sol, entouré des ouvriers.

Soudain Pierre bouge et relève la tête.

Le chef milicien hurle:

—Dégagez la chaussée!

Pierre est tiré de sa torpeur par ce commandement. Il re-
25 garde et entend un des ouvriers qui crie:

—A bas la milice!

Deux miliciens en tête du détachement lèvent leurs mitraillettes sur un signe de leur chef qui crie:

— Une dernière fois je vous ordonne de dégager la chaussée!

Pierre prend brusquement conscience du danger, se relève 5
et ordonne à ses camarades:

— Hé là! hé là! pas de bêtises!

Quelques hommes s'empressent autour de Pierre, le sou-
tiennent, tandis que les autres continuent de faire face aux
miliciens avec des briques et des pelles dans les mains.   10

Pierre insiste avec colère:

— Dégagez, nom de Dieu! Vous voyez bien qu'ils vont
tirer.

Hésitants, les ouvriers dégagent la route.

Les briques tombent des mains. Les mitraillettes s'abais- 15
sent. Un ouvrier ramasse la bicyclette de Pierre.

Alors, le chef milicien se tourne vers ses hommes et ordonne:

— En avant, marche!

Le détachement passe, s'éloigne, au rythme lourd de sa 20
marche qui s'assourdit progressivement...

LA CHAMBRE D'EVE

Dans la chambre d'Eve, la
main d'André remonte la couverture de fourrure sur le corps
de sa femme.

André se redresse lentement, avec son expression savam- 25
ment composée de bon mari éploré, lorsque brusquement son

visage change, blémit et son regard se fixe sur la tête du lit.

Eve vient de bouger légèrement. Puis elle ouvre les yeux, regarde son mari qui la contemple, comme fasciné.

Agenouillée contre le lit, le visage enfoui dans la couver-
5 ture, Lucette sanglote. Elle tient la main d'Eve. Eve ne jette sur Lucette qu'un rapide coup d'œil. Eve relève les yeux sur son mari. Et ses lèvres esquissent une espèce de sourire effrayant qui signifie: «Tu vois, je ne suis pas morte...»

LA ROUTE DE BANLIEUE

En bordure de la route, Pierre
10 est debout, appuyé sur Paulo. Quelques ouvriers l'entourent. Ils regardent s'éloigner les miliciens dont on entend décroî-tre le pas.

Enfin, avec un gros soupir de soulagement, Paulo se tourne vers Pierre:

15 —Tu m'as fait peur, vieille noix. J'ai bien cru qu'ils t'avaient eu.

Tous les hommes présents ressentent non pas de la stupeur, mais une sorte de malaise.

Cela provient du danger qu'ils viennent de courir, mais
20 aussi de la rapide résurrection de Pierre.

Celui-ci montre sa manche trouée à hauteur de l'épaule.

—C'était moins cinq,[48] constate-t-il. Le coup de pétard m'a fait sursauter. Je me suis cassé la figure.

Il sourit. Son visage déborde d'une sorte de ravissement in-

---

[48] C'était moins cinq (*pop.*), *It was a narrow escape.*

crédule qui augmente le malaise éprouvé par ses camarades.
Paulo hoche la tête:

— Mon vieux, j'aurais juré...

— Moi aussi, réplique Pierre.

— Tu veux qu'on t'aide? propose un ouvrier. 5

— Non, non, ça va très bien.

Pierre risque quelques pas et Paulo le suit.

Autour d'eux, les derniers ouvriers se dispersent en silence,
sauf celui qui a ramassé la bicyclette.

Pierre se dirige vers lui, tandis que Paulo lance un regard 10
haineux dans la direction prise par les miliciens; il jette âprement:

— Ces fumiers-là! Ils crâneront moins demain.

Pierre s'est arrêté au milieu de la route et regarde par terre.
Il répond, l'air absent: 15

— Demain? rien du tout.

— Qu'est-ce que tu dis? s'étonne Paulo.

Pierre s'est baissé pour ramasser précautionneusement une
brique abandonnée. En même temps, il réplique:

— T'occupe pas.[49] 20

— Maintenant, il soupèse la brique, la fait sauter d'une main
dans l'autre et constate en souriant:

— Ça pèse, ça gratte...

Paulo et l'autre ouvrier échangent un regard inquiet.

Cependant, Pierre examine rapidement le décor qui l'en- 25
toure, et son visage s'éclaire. Il vient d'apercevoir une vieille
cabane démantibulée, dont un seul carreau est encore intact.
Il lance sa brique à toute volée et brise la dernière vitre.

Alors, en se tournant vers ses camarades:

— Ouf! ça soulage. 30

Après quoi, il enfourche sa bicyclette et dit à Paulo:

---

[49] T'occupe pas, familiar for Ne t'en occupe pas; ne very frequently being
omitted in careless speech. Cf. T'en fais pas, 16 lines further on.

— Six heures, chez Dixonne. Ça tient toujours.

Paulo et l'ouvrier ont le même sentiment: Pierre n'est pas dans son assiette. Ils échangent un regard et Paulo s'informe:

— Pierre, ça va bien? Tu ne veux pas que j'aille avec toi?

5   — T'en fais pas, je ne crains rien.

Puis il appuie sur les pédales et s'éloigne.

— Tu ne devrais pas le lâcher, conseille l'ouvrier à Paulo. Il a l'air sonné.

La décision de Paulo est prompte:

10   — Je prends ton vélo, dit-il brièvement.

Il va s'emparer d'une bicyclette posée sur le bas côté de la route, l'enfourche et s'élance sur les traces de Pierre.

LA CHAMBRE D'EVE

Lucette est toujours effondrée sur le lit et serre la main de sa sœur.

15   Soudain la main bouge...

Lucette se redresse, regarde Eve avec stupéfaction, et lance dans un cri:

— Eve, ma chérie, Eve...

Elle se jette dans les bras de sa sœur et l'étreint en sanglotant.

20

Eve la serre contre elle avec un geste plein de tendresse protectrice, mais son regard demeure fixé sur son mari.

Lucette balbutie à travers ses larmes:

— Eve, tu m'as fait si peur... J'ai cru...[50]

[50] J'ai cru . . . : note the similarity between Lucette's uncompleted sentence at Eve's resurrection and Paulo's in the case of Pierre.

Eve l'interrompt doucement:

— Je sais...

André toujours immobile, fasciné, se détourne et dit en s'en allant vers la porte:

— Je vais chercher le médecin. 5

— C'est tout à fait inutile, André, fait Eve.

André, qui a déjà atteint la porte, se retourne et dit, gêné:

— Mais si, voyons, mais si.

Il sort rapidement en tirant la porte derrière lui.

André parti, Eve se redresse à demi et demande à sa sœur: 10

— Donne-moi une glace, veux-tu?

Lucette la regarde interdite.

— Tu...

— Oui, mon miroir, sur la coiffeuse.

Dans le vestibule, André se dirige vers la sortie de l'appar-. 15
tement.

Il jette par-dessus son épaule un regard inquiet...

Il prend machinalement son chapeau et une canne, rejette celle-ci avec humeur et sort.

Lucette, penchée vers Eve, lui tend le miroir demandé. 20

La main d'Eve s'en empare, elle contemple avidement son image, et murmure:

— Je me vois...

— Qu'est-ce que tu dis? demande Lucette.

— Rien, réplique Eve. 25

Lucette s'est assise sur le bord du lit et regarde sa sœur avec une sorte d'inquiétude.

Eve repose le miroir sur sa couche, prend la main de sa jeune sœur et, le visage devenu sérieux, elle interroge tendrement: 30

— Lucette, qu'est-ce qu'il y a entre André et toi?

Lucette ouvre de grands yeux étonnés.

Elle est un peu gênée, mais sincère.

— Mais il n'y a rien. Qu'est-ce que tu veux qu'il y ait? Je l'aime beaucoup.

Eve caresse les cheveux de Lucette et lui parle affectueuse-
5 ment:

— Est-ce que tu sais qu'il m'a épousée pour ma dot?

Lucette proteste, indignée:

— Eve!

— Il me hait, Lucette.

10   — Eve, il t'a veillée tous les soirs quand tu étais malade, répond Lucette en s'écartant de sa sœur.

— Il m'a trompée vingt fois. Ouvre son secrétaire, tu y trouveras des lettres de femmes, par paquets.

Lucette se relève brusquement. Elle est indignée et incré-
15 dule.

— Eve, jette-t-elle, tu n'as pas le droit...

— Va voir dans son secrétaire, conseille Eve calmement.

En même temps, elle rejette la couverture et se lève, tandis que Lucette recule comme si sa sœur lui faisait peur.

20   La jeune fille, l'air buté, un peu sournois même, lance farouchement:

— Je ne fouillerai pas dans les papiers d'André. Je ne te crois pas, Eve. Je connais mieux André que toi.

Eve saisit sa sœur aux épaules, la regarde un instant, et con-
25 state, sans violence mais avec une tendresse sévère, et une légère ironie:

— Tu le connais mieux que moi? Tu en es déjà à le connaître mieux que moi? Eh bien, écoute: sais-tu ce qu'il a fait?

— Je ne t'écoute plus, je ne veux plus t'écouter. Tu as la
30 fièvre ou tu veux me faire mal.

— Lucette...

— Tais-toi!

Presque brutalement, Lucette s'arrache à l'étreinte de sa sœur et se sauve en courant.

Eve laisse retomber ses bras et la regarde s'enfuir.

L'IMMEUBLE DES CHARLIER

Pierre fait quelques pas hésitants, puis s'arrête devant la porte de l'immeuble très chic 5 où demeure Eve Charlier.

Il lève la tête, vérifie le numéro et se dispose à entrer quand deux officiers miliciens sortent de la maison.

Pierre prend aussitôt un air détaché et attend qu'ils se soient éloignés pour franchir le seuil. 10

Au même instant Paulo, à bicyclette, vient de s'arrêter au bord du trottoir, un peu plus loin.

Stupéfait, il regarde Pierre pénétrer dans le somptueux immeuble...

LE HALL DE L'IMMEUBLE

Pierre traverse lentement le 15 hall désert, s'approche de la loge du concierge que l'on aperçoit à travers la porte vitrée.

L'homme est en livrée, impeccable et très rouge. Pierre entr'ouvre la porte pour s'informer:

—Madame Charlier?

—Troisième à gauche, indique l'autre sèchement.

—Merci.

Il tire la porte et se dirige vers le grand escalier.

5   Mais le concierge qui le suit d'un regard soupçonneux, rouvre la porte et ordonne brutalement:

—L'escalier de service, c'est à droite.

Pierre se retourne brusquement, ouvre la bouche d'un air furieux, puis hausse les épaules et prend sur le côté une porte
10   sur laquelle une plaque indique: Service.

LA CHAMBRE D'EVE ET LE SALON

Eve, qui vient de finir de s'habiller, retourne devant sa coiffeuse. Elle fait un dernier raccord. Elle est nerveuse et pressée...

Eve porte un tailleur sobre mais très chic.

15   Un manteau de fourrure est posé sur le dossier d'un fauteuil.

On frappe à la porte.

Eve se retourne vivement.

—Entrez.

20   La femme de chambre se montre et annonce:

—Madame, il y a une espèce de type qui veut parler à madame. Il dit qu'il vient de la part de Pierre Dumaine.

A ce nom, Eve tressaille.

Cependant, elle parvient à se maîtriser et s'informe:

25   —Où est-il?

— Je l'ai laissé à la cuisine.

— Faites-le entrer au salon, voyons!

— Bien, madame.

Demeurée seule, Eve cache subitement son visage dans ses mains et se recueille, un peu chancelante, comme si tout tour- 5 nait autour d'elle. Puis elle écarte ses mains et prend d'un air décidé sa houppette à poudre.

Dans le salon voisin, Pierre vient d'être introduit par la bonne qui le quitte aussitôt.

Pierre regarde autour de lui, très intimidé par tout ce luxe 10 qui l'entoure.

Tout à coup, la porte s'ouvre.

Eve paraît et s'arrête sur le seuil très émue.

Pierre se retourne, ému lui aussi, et surtout très gêné. Il rit, un peu bêtement, et ne peut que dire: 15

— Eh bien, me voilà...

Ils sont tous les deux très embarrassés, ils se regardent en riant d'un air gêné, avec cette nuance que lui[51] se sent dans un terrible état d'infériorité et qu'elle, au contraire, est très émue: 20

A son tour, elle rit nerveusement.

— Oui... vous voilà...

Puis, se rapprochant lentement de lui, elle ajoute:

— Il ne fallait pas monter par l'escalier de service.

Ecarlate, Pierre balbutie: 25

— Oh! je... c'est sans importance...

Subitement la porte du salon s'ouvre, et Lucette entre vive- ment. Ce n'est que lorsqu'elle a refermé la porte qu'elle aper- çoit Pierre.

— Oh! pardon! fait-elle. 30

[51] lui is used instead of il as subject of se sent, marking a strong contrast with elle, subject of est.

Pierre et Eve sont très près l'un de l'autre. Lucette reste un instant étonnée, puis se reprend et se dirige vers une autre porte en décrivant un cercle.

Eve prend Pierre par le bras et lui dit doucement:

5   — Venez...

Lucette n'a pu s'empêcher de se retourner et assiste, stupéfaite, à leur sortie.

A son tour, choquée, elle sort en claquant la porte.

Pierre a fait quelques pas dans la chambre d'Eve, avant de
10   faire face à la jeune femme qui vient vers lui.

Immobile, elle l'examine longuement, avec une sorte d'étonnement.

— C'est vous, murmure-t-elle.

— Ben oui, fait-il bêtement, c'est moi.

15   Il essaie de mettre ses mains dans ses poches, puis les retire presque aussitôt.

— Asseyez-vous, fait Eve.

Pierre se détourne, regarde le fauteuil offert, fait un pas vers lui, puis déclare:

20   — J'aime mieux rester debout.

Il se met à marcher de long en large en regardant autour de lui.

— Vous habitez ici?

— Mais oui.

25   Pierre hoche la tête avec amertume.

— C'est beau, chez vous...

Eve s'est assise au pied du lit et le regarde toujours. Pierre revient au fauteuil et s'assied.

Il se tient raide, les pieds ramenés sous le siège, le regard
30   absent.

Alors, brusquement, Eve se met à rire nerveusement.

Il la considère, étonné, blessé déjà. Eve ne peut plus se retenir.

— Pourquoi riez-vous?

Elle parvient enfin à maîtriser son rire au bord des larmes:

— Parce que vous avez l'air en visite.

Pierre ne se vexe pas et dit avec un geste de découragement:

— C'était plus facile là-bas...

Il se lève, fait quelques pas, les mains derrière le dos, de plus en plus gêné et agacé par tout ce qui l'entoure.

Eve, le visage tendu, le regarde maintenant aller et venir, sans un mot.

Pierre passe d'abord devant la coiffeuse surchargée de flacons, de brosses et d'objets de luxe. Puis il s'immobilise devant une vitrine où sont disposés des bibelots de prix: statuettes chinoises, jades précieux, bijoux anciens délicatement ciselés.

Il contemple tout cela avec un très léger sourire de dérision et de tristesse.

En même temps, il dit entre ses dents, comme pour lui-même:

— Oui, oui, oui...

Puis, sans se retourner, décidé, il déclare:

— Eve, il faut venir chez moi.

Elle questionne, avec une certaine angoisse:

— Où?

— Chez moi, répète-t-il simplement.

— Je quitterai certainement cette maison, Pierre. Je vous suivrai où vous voudrez, mais pas tout de suite.

Il revient vers le pied du lit, et dit, le visage sombre:

— Je m'en doutais... L'amour, c'était très joli chez les morts. Ici, il y a tout ça...

Du bout des doigts, il effleure le manteau de fourrure posé sur le pied du lit.

— Tout ça? répète Eve.

Il a un mouvement de tête qui désigne la pièce.

— Les fourrures, les tapis, les bibelots...

Eve comprend et pose sa main sur celle de Pierre.

— C'est ça, votre confiance en moi? Ce n'est pas *tout ça*
5 qui me retient, Pierre. C'est pour ma sœur que je reste ici. Il
faut que je la défende.

— Comme vous voudrez.

Déjà, il fait deux pas pour s'en aller.

Eve se dresse vivement:

10 — Pierre!

Il s'arrête, tandis qu'Eve le rejoint, pose une main sur son
bras et murmure:

— Vous êtes injuste.

Mais Pierre garde un visage fermé. Eve se rapproche à nou-
15 veau, lui prend l'autre bras.

— Ne nous disputons pas, Pierre. Nous n'avons pas le
temps.

Mais voici que la porte s'ouvre et André entre, son chapeau
à la main.

20 Lucette, qui l'a manifestement informé de la stupéfiante
attitude de sa sœur, se montre derrière lui, mais reste dans le
salon. Pierre et Eve se tournent sans hâte vers la porte.

André, pour meubler le silence, dit machinalement:

— Le médecin vient dans cinq minutes.

25 Eve tient toujours le bras de Pierre. Elle sourit ironiquement.

— Mon pauvre André, je m'excuse. Non seulement je ne
suis pas morte, mais je me sens tout à fait bien.

André accuse le coup, puis sourit à son tour:

30 — C'est ce que je vois.

Il avance dans la chambre, pose son chapeau sur un fauteuil et dit d'un air faussement désinvolte:

— Tu ne me présentes pas?

— C'est tout à fait inutile.

André se tourne alors vers Pierre qu'il toise avec une surprise insolente.

— Note que je n'y tiens pas, dit-il. Tu choisis si drôlement
tes relations.   5

Pierre, l'air menaçant, fait un pas vers André, mais Eve le
retient:

— Non, Pierre...

Lucette est entrée au moment du geste de Pierre. Elle demeure encore un peu à l'écart, mais nettement du côté d'An-   10
dré.

Cependant, André, les mains dans les poches de son veston,
ricane:

— Tu l'appelles déjà Pierre? Est-ce que tu le tutoies?

— Pense ce que tu voudras, André, mais je t'interdis devant   15
Lucette...

— Tu choisis mal ton moment pour me donner des ordres.
Tu es libre d'aller chercher tes... tes amis dans les faubourgs,
mais je t'interdis, moi, de les recevoir sous mon toit, et surtout devant Lucette.   20

Eve, encore une fois, retient Pierre qui allait bondir, et continue doucement:

— Tu es tout à fait ignoble, André.

Pierre parvient à se dégager d'Eve et marche calmement
sur André qui, malgré ses airs bravaches, recule d'un pas; il   25
le rejoint et l'empoigne par le revers de son veston, comme
s'il allait le frapper.

Lucette pousse un cri en s'agrippant au bras de son beau-
frère:

— André!   30

Celui-ci se dégage, en frappant sur la main de Pierre, qui
demeure planté devant lui. Sur son visage contracté, André
réussit à accrocher un sourire grimaçant:

— Dans notre milieu, monsieur, on ne se bat pas avec n'importe qui...

— Dites que vous avez peur, fait Pierre.

D'un mouvement rapide, il le ressaisit par le revers et le secoue violemment. Une nouvelle fois, Eve doit s'interposer:

— Pierre, je vous en prie...

Pierre, à regret, lâche André qui recule avec Lucette toujours accrochée à lui.

Alors, Eve tend la main vers sa sœur et l'entraîne:

— Viens, Lucette!

Mais Lucette se serre plus fort contre André, et recule en criant:

— Ne me touche pas!

Eve s'arrête net; son bras retombe sans force.

— C'est bon...

Puis, le visage durci, elle se tourne vers Pierre:

— Vous vouliez que je parte avec vous? dit-elle. Eh bien, emmenez-moi; je n'ai plus rien à faire ici.

D'un mouvement vif, elle attrape au vol son manteau, son sac, et revient vers Pierre dont elle prend le bras, en jetant un dernier regard à Lucette qui se cache derrière André.

Celui-ci passe autour des épaules de la jeune fille un bras protecteur, et dit d'un air ironique et triomphant:

— Excellent exemple pour ta sœur.

Eve entraîne Pierre et ils sortent...

L'IMMEUBLE DES CHARLIER

A une vingtaine de mètres de l'immeuble, adossé à un arbre, Paulo fume une cigarette en surveillant l'entrée de la maison. Près de lui, sa bicyclette est appuyée à un arbre.

Tout à coup, Paulo se redresse et regarde; puis il contourne 5 l'arbre derrière lequel il se dissimule.

Eve et Pierre viennent de sortir de la maison et s'éloignent à grands pas.

Paulo les suit du regard un moment, puis, sans précipitation, il prend sa bicyclette à la main et se met à suivre le 10 couple.

Aux côtés de Pierre, Eve marche d'un pas résolu, mais le visage triste. Elle prend le bras de Pierre, sans le regarder.

Pierre l'observe en silence et voit des larmes dans ses yeux.

Il lui prend la main, la serre et dit doucement: 15

— Eve, ne soyez pas triste...

Ces simples mots font jaillir les larmes d'Eve.

Elle cesse de marcher et pleure, le visage dans ses mains.

Pierre la serre contre lui:

— Eve!... 20

Elle a une brève crise de larmes contre son épaule, et Pierre, très ému, caresse ses cheveux.

— Vous pensez à votre sœur? demande-t-il.

Et comme elle ne répond pas, il insiste:

— Voulez-vous retourner la chercher? 25

Elle fait «non» de la tête. Pierre se décide à poser la question:

— Vous êtes sûre que vous ne regrettez rien?

Elle relève la tête et le regarde, les yeux pleins de larmes.

Elle s'efforce de sourire et dit tendrement:

— Comment aurais-je des regrets, Pierre? Tout ne fait que
5 commencer[52] entre nous...

Elle reprend son bras et l'entraîne.

Ils se remettent à marcher. Eve s'appuie contre Pierre qui
regarde obstinément devant lui. Soudain, la voix dure, il interroge:

10 — Vous avez aimé cet homme?

— Jamais, Pierre.

— Vous l'avez tout de même épousé.

— Je l'admirais...

— Lui?

15 — J'étais plus jeune que ma sœur, explique-t-elle très simplement.

Pierre se détend un peu, mais il ajoute d'un air préoccupé:

— Eve, ce sera dur...

— Quoi donc?

20 — Nous deux, ce sera dur.

Elle le force à s'arrêter, et c'est elle, cette fois, qui lui prend
le bras.

— Non, Pierre, dit-elle. Pas si nous avons confiance,
comme avant.

25 Il détourne la tête. Mais Eve le force à la regarder.

— Avant, c'était avant, réplique-t-il.

— Pierre! Pierre! Il faut avoir confiance.

Elle sourit et, changeant de ton, elle ajoute:

— Il faut tout reprendre du commencement. Venez avec
30 moi...

Passif, il se laisse entraîner...

[52] Tout ne fait que commencer, *Everything is just beginning.*

LE PARC

Pierre et Eve, se tenant par la main, suivent maintenant cette allée dans laquelle ils se sont rencontrés auprès de l'aveugle.

Ils entendent l'air de flûte qui se rapproche. Mais une autre rengaine remplace le vieil air que le mendiant jouait la pre- 5 mière fois.

Eve fait preuve maintenant d'une certaine gaieté, qu'elle force peut-être un peu pour entraîner son compagnon.

— Vous entendez? demande-t-elle.

— C'est l'aveugle, répond Pierre.   10

— Pauvre bonhomme! Nous lui avons envié sa peau...

Elle rit, mais Pierre, lui, exprime un regret:

— Ce n'est pas le même air.

Au détour de l'allée, ils aperçoivent l'aveugle.

Eve a pris un billet dans son sac et vient se pencher sur le 15 musicien:

— Pardon, monsieur, demande-t-elle, voudriez-vous nous jouer «Ferme tes jolis yeux»?

L'aveugle s'est arrêté de jouer et Eve lui glisse le billet dans la main. Le vieux tâte le billet et remercie.   20

— Ça vous portera bonheur.

Puis, il se met à jouer l'air demandé.

Eve sourit à Pierre et lui reprend le bras.

— Maintenant, dit-elle, tout est pareil.

Ils reprennent lentement leur promenade.   25

Pierre, détendu, sourit à son tour et constate:

— Il joue toujours aussi faux.

— Il y a toujours du soleil.

— Et voilà de nouveau ces deux-là, ajoute Pierre.

5   Devant leurs yeux se renouvelle la petite scène dont ils avaient été déjà les témoins.

La voiture vient de s'immobiliser au bord de la chaussée; la femme élégante en descend, avec son caniche. L'ouvrier la croise, portant un tuyau de fonte sur son épaule.

10 Comme la première fois, ils ne s'accordent pas la moindre attention, et chacun s'éloigne de son côté.

Après avoir croisé Pierre et sa compagne, l'ouvrier se retourne et regarde Ève. La jeune femme a remarqué son regard et Pierre observe:

15 — Ils ne se sont toujours pas vus. Tout est pareil.

Eve rectifie en souriant:

— Sauf que cette fois, il m'a regardée.

Etonné, Pierre se retourne. Tout aussitôt, confus d'avoir été surpris, l'ouvrier continue son chemin. Pierre, amusé,
20 sourit à son tour.

— C'est vrai, dit-il. Et cette fois, je tiens votre vrai bras sous mon vrai bras.

Au fur et à mesure que Pierre et Eve progressent dans l'allée, l'air de flûte s'efface, pour faire place à la musique de
25 danse de la laiterie.

Ils font encore quelques mètres et s'arrêtent devant la laiterie dont le décor et les personnages n'ont pas changé.

La même amazone excentrique attache son cheval à la barrière et se dirige vers le groupe de snobs qu'Eve connaît.

30 — Allons nous asseoir, dit Pierre.

Eve marque une légère hésitation, les yeux fixés sur ces gens qu'elle connaît.

Pierre remarque son hésitation et questionne:

— Qu'avez-vous?

Mais déjà Eve s'est reprise.

— Rien, assure-t-elle.

Et pour effacer cette hésitation, elle prend Pierre par la main et l'entraîne à travers les tables. 5

Avant qu'ils n'arrivent auprès des snobs, l'amazone excentrique rejoint ses amis et l'on entend, comme la première fois, l'un des cavaliers proposer:

— Asseyez-vous, chère amie.

Cependant que la jeune femme déclare, du même ton maniéré: 10

— Le bois était un pur charme ce matin!

Lorsque Eve et Pierre passent devant le groupe assis, l'un des cavaliers esquisse le geste de se lever pour saluer Eve. Mais celle-ci passe rapidement, marquant par son attitude 15 son désir de ne pas s'arrêter, en jetant un bref: «Bonjour».

— Bonjour, Eve, répond la cavalière.

Au passage, d'un mouvement machinal, Pierre salue d'une légère inclination de la tête.

Le groupe élégant les suit des yeux avec étonnement. 20

— Qui est-ce?

— C'est Eve Charlier, voyons.

— Eve Charlier? Mais qu'est-ce qu'elle fait avec ce type?

— C'est bien ce que je voudrais savoir, répond l'amazone.

Pierre et Eve se sont approchés de la table qu'ils avaient 25 occupée précédemment. Mais la place est prise par les deux amoureux.

Eve arrivée auprès de ceux-ci, marque un léger temps d'arrêt, puis incline la tête vers eux avec un sourire, comme si elle s'attendait à ce que les jeunes gens les reconnaissent. 30 Pierre fait un geste identique pour exprimer sa sympathie.

Mais les jeunes gens les regardent sans comprendre, et ne leur rendent par leur salut.

Sans insister, Eve et Pierre reviennent sur leurs pas et vont s'asseoir à une table proche, d'où ils font face aux amoureux.

De là, ils les observent avec une insistance souriante.

Les jeunes gens, interrompus dans leur colloque sentimen-
5 tal, sont gênés; ils essayent pourtant de renouer le fil de leur entretien.

Cependant, la serveuse s'est approchée et s'informe:

— Vous désirez, madame?

— Un thé.

10 — Et pour monsieur?

Pierre hésite, se trouble:

— Euh... la même chose...

— Chine ou Ceylan? demande encore la serveuse, s'adressant toujours à Pierre.

15 Il la fixe d'un air ahuri.

— Pardon?

Eve intervient vivement et commande:

— Ceylan pour les deux.

Pierre regarde s'éloigner la serveuse et rit légèrement en
20 haussant les épaules, comme à quelque chose de tout à fait insolite.

Eve et Pierre reportent alors leur attention sur les jeunes amoureux.

Ces derniers se regardent dans les yeux, avec ravissement.

25 Le jeune homme prend la main de la jeune fille, la baise avec dévotion, la contemple comme s'il s'agissait d'un pur joyau. Ils soupirent.

Pierre et Eve se sourient, avec un peu de supériorité.

Pourtant, elle lui tend sa main ouverte pour qu'il y mette
30 la sienne.

Pierre, gentiment, la lui donne. Avec une curiosité émue, Eve prend cette main dans la sienne et la regarde.

— J'aime bien vos mains.

Pierre hausse légèrement les épaules.

Eve passe lentement le bout de son doigt sur une cicatrice:

— Qu'est-ce que c'est que ça?

— Un accident quand j'avais quatorze ans.

— Qu'est-ce que vous faisiez?   5

— J'étais apprenti. Et vous?

— A quatorze ans? J'allais au lycée...

Brusquement, Pierre retire sa main en avertissant:

— Vos amis nous regardent.

Il est, en effet, visible que le petit groupe de snobs fait des 10
gorges chaudes[53] de l'attitude d'Eve et de Pierre. L'un des
cavaliers et l'une des femmes qui les accompagnent, se tiennent les mains d'un air énamouré, tandis que les autres pouf-
fent.

Eve les regarde avec sévérité. Mécontente elle dit: 15

— Ce ne sont pas mes amis.

Pour marquer sa réprobation, elle reprend la main de
Pierre.

Pierre sourit et, gentiment, il lui baise amoureusement les
doigts.   20

Cependant, alors qu'il allait recommencer son geste, il sent
peser sur lui le regard des jeunes amoureux. Il s'arrête gêné
et furieux.

En même temps que lui, Eve a saisi le regard des jeunes
gens, et elle retire sa main.   25

Pierre s'étonne, mais d'un signe de tête, elle lui désigne les
amoureux qui, gênés eux-mêmes, changent de place et vont
s'asseoir à une autre table où l'on ne pourra les voir que de
dos.

Eve remarque: 30

— Je les croyais plus jolis.

— Nous étions moins difficiles, réplique Pierre.

[53] fait des gorges chaudes (slang), *gloat (over)*, *enjoy making fun (of)*.

— Nous les gênons maintenant.

— Ce ne serait pas plutôt vos amis qui vous gênent?

— Qu'est-ce que vous voulez dire?

— Comme ça... Ils n'ont pas dû vous voir souvent avec un
5 homme comme moi.

— Je me moque de ce qu'ils peuvent penser.

— Vous êtes bien sûre de ne pas avoir un petit peu honte de
moi? insiste-t-il.

— Pierre! C'est vous qui devriez avoir honte.

10 Pierre a un haussement d'épaules résigné. Elle le regarde
avec reproche, puis regarde les snobs et dit brusquement à
Pierre en se levant:

— Venez danser.

— A cette heure? réplique Pierre sans bouger de sa chaise.
15 Mais personne ne danse.

— Venez, j'y tiens.

— Mais pourquoi? demande Pierre en se levant à contre-
cœur.

— Parce que je suis fière de vous.

20 Elle l'entraîne, et ils passent à côté de la table occupée par
les snobs. Eve les défie du regard, tandis que Pierre est plutôt
gêné.

Les autres les regardent gagner la piste où ils se mettent à
danser.

25 Tout à coup l'un des hommes, pour faire rire les autres,
relève le col de son veston et mime une java vache.[54] Les rires
fusent insultants.

Un autre cavalier se lève et s'éloigne en direction de l'orchestre.

---

[54] An insulting gesture on the part of the horseman, as the java vache
is a dance popular with working classes (usually accompanied by an
accordion). Cf. a little further on, the valse-musette, very ordinary waltz
music.

Cependant, Eve et Pierre dansent.

— Vous vous souvenez? dit-elle. J'aurais donné mon âme pour revenir sur terre et danser avec vous...

— J'aurais donné la mienne, répond-il, pour toucher votre taille et sentir votre souffle...

Ils échangent un très léger et très rapide baiser sur les lèvres. Puis Eve appuie sa joue contre celle de Pierre et murmure:

— Serrez-moi bien fort, Pierre. Serrez-moi bien fort, que je sente vos bras...

— J'ai peur de vous faire mal...

Ils dansent encore un instant, très loin de tout.

Mais, brutalement, la musique change pour faire place à une valse-musette assez vulgaire.

Ils cessent de danser et regardent dans la direction des snobs.

Le cavalier, revenant de l'orchestre, rejoint ses amis, au milieu des rires mal réprimés.

Pierre s'écarte d'Eve, suivi par le regard inquiet de sa compagne.

Posément, Pierre vient jusqu'à la table des snobs. S'adressant au cavalier qui a changé le disque, il se penche vers lui et dit:

— Vous ne pourriez pas demander l'avis des danseurs avant de changer les disques?

L'autre affecte un air de surprise.

— Vous n'aimez pas les valses-musettes?

— Et vous, rétorque Pierre, vous n'aimez pas les paires de gifles?

Mais le cavalier essaie d'ignorer sa présence et s'adresse à l'une des femmes qui l'entourent:

— M'accorderez-vous cette danse? demande-t-il avec ironie.

Alors Pierre le saisit par le revers du veston:

—Dites donc, je vous parle.

—Mais pas moi, monsieur, pas moi, réplique l'homme.

Eve s'est rapidement rapprochée et s'interpose entre les deux hommes.

—Pierre, je vous en prie...

Pierre écarte la jeune femme d'un revers de main en lançant:

—Oh! ça va.

Mais une autre main vient de se poser sur son épaule. Il se retourne brusquement, lâchant son adversaire et se trouve devant un élégant milicien, qui l'interpelle durement:

—Dis donc, toi! Où est-ce que tu te crois? Tu ne peux pas laisser ces messieurs tranquilles?

Pierre frappe la main du milicien posée sur son épaule.

—J'ai horreur qu'on me touche. Et surtout pas toi.

Le milicien hors de lui hurle:

—Tu as envie de te faire boucler?

Il lève le poing, mais au moment où il va frapper, Eve s'interpose entre les deux hommes avec un cri:

—Arrêtez!

Et, profitant de l'hésitation du milicien, elle poursuit sévèrement:

—Vous ne savez pas que le régent interdit toute provocation aux membres de la milice?

Le milicien est un peu déconcerté.

Eve en profite pour fouiller dans son sac, en sort une carte qu'elle tend au milicien.

—Charlier, ça ne vous dit rien? André Charlier, secrétaire de la milice? C'est mon mari.

Pierre regarde Eve avec une espèce d'horreur.

Le milicien, pétrifié, balbutie:

—Madame, je m'excuse...

— Je ne vous en demande pas tant, répond Eve en le congédiant d'un geste autoritaire. Et maintenant, filez si vous ne voulez pas d'histoires.

Le milicien salue, s'incline, et s'éloigne à grands pas. En même temps que lui, Pierre tourne brusquement les talons et s'éloigne dans la direction opposée.

Eve, en se retournant, se rend compte de ce brusque départ.

Elle appelle:

— Pierre!

Pierre continue de marcher sans tourner la tête.

Après un moment d'hésitation, Eve fait face au groupe des snobs et dit avec violence:

— Pauvres imbéciles! Vous êtes contents de vous, n'est-ce pas? Eh bien, je vais vous faire plaisir: vous pouvez répéter partout que je quitte mon mari, que j'ai un amant, et qu'il travaille de ses mains.

Puis, laissant les snobs pétrifiés, elle s'élance à la poursuite de Pierre.

Elle sort précipitamment de l'établissement, s'oriente une seconde, puis se met à courir le long de l'allée.

Bientôt elle rejoint Pierre qui poursuit sa marche nerveusement. Elle se remet à son pas. Un moment ils marchent côte à côte. Pierre ne la regarde pas.

Enfin, elle demande:

— Pierre?...

— Secrétaire de la milice! fait Pierre.

— Ce n'est pas ma faute.

— Ce n'est pas non plus la mienne.

Puis, plein d'amertume, il ajoute:

— La femme pour qui j'étais fait!

Il ralentit un peu, mais ne regarde toujours pas Eve qui continue:

—Je leur ai dit que je partais avec vous. Nous sommes liés, Pierre.

Il s'arrête soudainement, la regarde pour la première fois et s'exclame:

5 —Liés? Qu'est-ce que nous avons de commun?

Elle pose sa main sur son bras et dit avec douceur:

—Nous avons notre amour.

Pierre hausse les épaules avec tristesse.

—C'est un amour impossible.

10 Il fait trois pas vers un banc proche, puis se retourne.

—Savez-vous à quoi je travaille depuis des années? Je mène la lutte contre vous.

Il s'assied, mais Eve n'a pas encore compris:

—Contre moi?

15 Pendant qu'elle s'assied près de lui et le regarde gravement, mais sans surprise, il explique:

—Contre le régent et sa milice. Contre votre mari et contre vos amis. C'est à eux que vous êtes liée, pas à moi.

Puis il lance:

20 —Vous connaissez la Ligue?

—La Ligue pour la liberté? demande-t-elle en regardant Pierre avec une espèce de crainte, comme si elle découvrait un homme nouveau pour elle, mais qui ne l'effraye pas.

—C'est moi qui l'ai fondée.

25 Eve détourne la tête et murmure:

—Je déteste la violence.

—La nôtre, mais pas la leur.

—Je ne me suis jamais occupée de ces choses, affirme-t-elle.

—C'est bien ce qui nous sépare. C'est par vos amis que je

30 suis mort. Et si je n'avais pas eu la chance de revenir sur terre, demain ils auraient massacré les miens.

En lui prenant la main, elle rectifie doucement:

—C'est parce que vous m'avez rencontrée que vous êtes revenu.

Peu à peu le ton de Pierre se radoucit:

—Bien sûr, Eve. Bien sûr... Mais je hais ceux qui vous entourent.

—Je ne les ai pas choisis.

—Ils vous ont marquée.

—Ayez confiance en moi, Pierre. Nous n'avons pas le temps de douter l'un de l'autre...

A ce moment une feuille morte tombe entre eux, presque sur leurs visages.

Eve pousse un petit cri et fait un geste pour la chasser. Pierre sourit à la jeune femme.

—C'est une feuille.

—C'est bête... J'ai cru...

—Quoi?

D'une voix basse, un peu tremblante, elle avoue:

—J'ai cru que c'était eux.

Pierre la regarde étonné, puis comprend.

—C'est vrai. Ils doivent être là. Le vieux avec son tricorne et les autres... Au spectacle, comme chez le régent. Ils s'amusent de nous.

Pendant qu'il parle en regardant machinalement autour de lui, Eve a ramassé la feuille et la contemple:

—Pas tous. Il y en a un au moins qui espère en nous: celui qui nous a demandé de nous occuper de sa petite fille.

—Ah, oui, fait Pierre avec un geste d'indifférence.

—Nous le lui avons promis, Pierre. Venez, dit-elle en se levant.

Pierre ne bouge pas.

Eve tend la main à Pierre, en souriant courageusement.

—Aidez-moi, Pierre. Au moins, nous ne serons pas revenus pour rien.

Il se lève, lui rend le sourire, puis, dans un brusque élan,
il lui prend les épaules et constate:

— Ce n'est pas pour les autres que nous étions revenus...

Eve lève la feuille entre leurs deux visages.

5   — Commençons par le plus facile, conseille-t-elle tendrement.

Ils sortent en se tenant étroitement par le bras.

UNE RUE DE LA ZONE [55]

Une rue misérable, bordée
d'immeubles aux façades grisâtres.

10   Pierre et Eve traversent la rue, sous le regard de quelques
pauvres gens et de gosses pouilleux.

La jeune femme regarde autour d'elle avec un sourd malaise.

D'un geste nerveux, elle touche son manteau de fourrure.

15 On sent qu'elle a honte.

La rue est jonchée de détritus et de boîtes de conserves
vides avec, ça et là, des flaques d'eau fétide.

Une vieille femme vêtue de haillons prend de l'eau à la
fontaine[56] en deux brocs qu'elle emporte à tout petits pas,

20 courbée sous le poids.

Des gosses sales et déguenillés jouent dans le ruisseau.

Eve se serre un peu plus contre Pierre.

Enfin, à l'approche d'un groupe de femmes très pauvre-

---

[55] la zone, the outskirts of Paris.

[56] fontaine: in poor districts, where there is no water in some of the
houses, a street hydrant serves the neighborhood.

ment vêtues qui font la queue devant une épicerie sordide, Pierre consulte les numéros des maisons et s'arrête.

— C'est là, dit-il.

Cette maison est encore plus misérable que toutes les autres.

La file des pauvres gens s'étend sur l'étroit trottoir et barre 5
l'entrée de la maison.

Eve est le point de mire de tous les regards.[57] Elle est de plus en plus gênée.

Pierre lui fraie doucement un passage:

— Pardon, mesdames.   10

Puis il fait passer Eve devant lui et ils pénètrent dans la maison.

L'ESCALIER DE LA MAISON DE LA RUE STANISLAS

Pierre et Eve montent un es-
calier poussiéreux avec des marches inégales. Des murs
lépreux les entourent.   15

Ils montent ainsi deux étages.

Eve a rassemblé tout son courage, cependant que Pierre
épie ses réactions.

Ils croisent un très vieil homme au visage creusé par les
privations et la maladie, et qui descend marche par marche, 2c
en toussant.

Eve s'écarte pour le laisser passer.

---

[57] **Eve est le point de mire de tous les regards,** *Eve is the target of all gazes,* i.e., *Everyone stares at Eve.*

Puis Pierre revient à sa hauteur, la prend par le bras pour l'aider à gravir les marches.

Elle lui sourit bravement.

A mesure qu'ils montent, ies sons d'une rengaine jouée
5 par la radio s'amplifient.

Ils atteignent ainsi le troisième étage.

C'est à travers une des portes de ce palier que se fait entendre l'air de la radio.[58]

Une petite fille est assise sur la dernière marche.
10 Elle se tient tassée sur elle-même, contre la rampe.

Elle est maigre et vêtue de loques.

Quelque part, un tuyau de descente de vidange crevé laisse ses eaux puantes couler le long des marches.

La petite fille ne se dérange pas.
15 Simplement, elle se tasse un peu plus contre la rampe.

—Ça doit être ça, la môme, suppose Pierre.

Le cœur serré, Eve se penche sur l'enfant qui la fixe intensément et l'interroge avec douceur:

—Comment t'appelles-tu?
20 —Marie.

—Marie comment?

—Marie Astruc.

A ce nom, Pierre et Eve échangent un regard rapide, puis il se penche à son tour sur la fillette en demandant:
25 —Ta maman est là?

La petite a un regard en arrière vers une des portes. Pierre se dirige vers cette porte, mais l'enfant, qui le suit des yeux, l'avertit:

—Faut pas[59] entrer. Elle est avec oncle Georges.[60]

---

[58] se fait entendre l'air de la radio, *the tune from the radio makes itself heard (is heard)*.

[59] Faut pas: Il ne faut pas: in the following pages, there are several other examples of the omission of ne.

[60] The child should say, l'oncle Georges.

Pierre, qui allait frapper, s'arrête, regarde Eve qui caresse les cheveux de la petite fille, puis il se décide à heurter la porte, doucement d'abord.

Mais comme à l'intérieur rien ne bouge et que la radio poursuit son tapage, il frappe plus fort avec le poing. 5

Eve qui n'a pas cessé de caresser la fillette, lui demande:

— Qu'est-ce que tu fais là?

L'enfant ne répond pas, occupée à observer Pierre qui continue à frapper à la porte.

Enfin, de l'intérieur, parvient une voix d'homme: 10

— Qu'est-ce que c'est?

— Ouvrez, bon Dieu!

— Ça va, ça va, répond la voix... Vous énervez pas.

La radio se tait brusquement. A travers la cloison, Pierre entend craquer un lit. 15

La petite fille s'est levée. Eve la prend par la main avec douceur.

LA CHAMBRE DE LA RUE STANISLAS

Enfin la porte s'ouvre.

Un homme est là, en bras de chemise. Il finit de boucler la ceinture de son pantalon. 20

Regardant Pierre, les sourcils froncés, menaçant, il lance:

— Dites donc, ça vous amuse de défoncer les portes?

Sans répondre, Pierre pénètre dans la pièce, suivi par Eve, qui tient toujours la petite fille par la main.

L'homme, étonné mais subjugué, les laisse passer. 25

Pierre et Eve entrent dans une pièce qui sent la misère.

Contre un des murs, un lit de fer défait. Au pied de cette couche, un petit lit d'enfant.

Dans un coin, un fourneau à gaz et un évier. Sur la table, il y a des assiettes sales, une bouteille de vin à moitié vide et
5 des verres sales.

La femme du mort, assise sur le lit, finit de fermer un peignoir crasseux en toile légère.

Elle est à la fois gênée et arrogante.

Pierre l'interroge:

10 —C'est vous, Madame Astruc?

—C'est moi.

—C'est votre fille? questionne à son tour Eve en désignant l'enfant.

Cependant, l'homme, après avoir refermé la porte, vient
15 se planter au centre de la pièce, à côté de la femme. C'est lui qui répond:

—Ça vous regarde?

—Ça se pourrait, réplique Pierre sèchement; puis s'adressant de nouveau à la femme, il reprend:

20 —On vous demande si c'est votre fille?

—Oui. Et après? [61]

—Qu'est-ce qu'elle faisait dans l'escalier? demande Eve.

—Dites donc, ma petite... Je vous demande pas qui c'est qui a payé [62] vos renards. Mais quand on n'a qu'une pièce,
25 on est bien forcé de mettre les gosses dehors, de temps en temps.

—Tant mieux, réplique Eve, si elle vous dérange, nous venons la chercher. Nous sommes des amis de son père.

L'enfant, à ces mots, lève vivement son visage illuminé
30 vers Eve.

---

[61] Et après?, *What of it?*

[62] qui c'est qui a payé, an uneducated person's way of saying, **qui est-ce qui a payé**, or better simply, **qui a payé**.

—Chercher quoi? demande la femme consternée.

—La petite, confirme Eve.

L'homme fait un pas, le bras tendu vers la porte:

—Vous allez foutre le camp et tout de suite.

Mais Pierre se tourne brusquement vers l'homme et lui 5
conseille:

—Sois poli,[63] mon petit bonhomme. On s'en va, oui, mais
avec la gosse.

—Avec la gosse? répète la femme. Vous avez des papiers?

Eve fouille dans son sac. Elle fait un pas jusqu'à la table sur 10
laquelle elle pose une liasse de billets.

—Ceux-là, dit-elle. Ça vous suffit?

L'homme et la femme demeurent un instant muets de surprise, hypnotisés par ce paquet de billets — la femme, surtout.
La petite fille elle-même se penche sur la table.   15

L'homme, le premier, réagit.

Avec un geste brutal, il ordonne à l'enfant:

—Amène-toi ici, toi.

L'enfant fait un écart, court se réfugier dans les jambes de
Pierre qui la prend aussitôt dans ses bras.   20

Cependant, la femme ramasse l'argent en disant:

—Laisse tomber, Georges. Ces choses-là, ça regarde la
police.

—C'est ça, ironise Pierre. Allez trouver les flics.

Puis il ajoute à l'intention de l'homme qui empoche la 25
liasse de billets:

—Les perds pas. Ça te servira de pièce à conviction quand
tu iras porter plainte.

Là-dessus, il fait un signe à Eve et ils sortent, emmenant
avec eux l'enfant.   30

---

[63] Sois poli: Pierre's use of the **tu** form of the verb shows his disdain of
the man.

UNE VILLA DE BANLIEUE

A la porte d'un jardin de banlieue, Pierre et Eve se sont retournés avant de sortir et, souriant, d'un air attendri, agitent la main en signe d'adieu.

Eve lance une dernière fois:

5 — Au revoir, Marie...

Là-bas, au fond du jardin bien entretenu, sur le perron de la villa, une bonne grosse dame tient par la main la petite Marie, à qui l'on vient manifestement de donner un bain.

La fillette est enveloppée d'une grande serviette éponge.

10 Ses cheveux lavés sont maintenus par un ruban.

Elle lâche la main de la bonne dame pour faire joyeusement un grand signe d'adieu.

— Au revoir.

Dans son geste, la serviette tombe et l'enfant apparaît toute

15 nue.

La bonne dame en riant ramasse la serviette et recouvre les épaules de l'enfant dans un geste affectueux.

Eve et Pierre rient, puis se regardent:

— Nous aurons au moins réussi ça, constate Eve.

20 Elle réfléchit une seconde, et ajoute:

— Pierre, nous la garderons si tout marche bien.

— Tout marchera bien, assure Pierre.

Il lui prend le bras pour la conduire vers un taxi qui stationne devant la porte. Le chauffeur met son moteur en

25 marche en les voyant approcher.

Cependant, Eve retient encore une seconde son compagnon et s'adressant au vide qui les entoure, elle dit:

— Si vous êtes là, vous devez être content: elle est en bonnes mains, votre petite fille...

Alors, ils remarquent le regard étonné, et même inquiet, 5 que leur lance le chauffeur; ils échangent un regard amusé et montent dans le taxi.

Le chauffeur embraie et le taxi démarre...

UNE RUE ET LA MAISON DE PIERRE

Le taxi s'arrête devant la maison où demeure Pierre, dans une rue populaire, mais propre. 10

Eve et Pierre descendent.

Tandis qu'il règle le prix de la course, la jeune femme examine la maison.

Après avoir terminé avec le chauffeur, Pierre surprend son amie dans cet examen. 15

Il indique:

— C'est au troisième. La deuxième fenêtre en partant de la gauche.

Elle se tourne vers Pierre tandis qu'il lui tend timidement une clef: 20

— Voilà la clef.

Elle le considère, surprise.

— Vous ne venez pas?

Gêné, il explique:

— Eve, il faut que j'aille voir mes amis. Quand j'étais... de 25

l'autre côté, j'ai appris certaines choses. Nous avons été trahis. Il faut que j'aille les avertir...

— Tout de suite?

— Demain, ce serait trop tard.

5　　— Comme vous voudrez.

— Il faut que j'y aille, Eve...

Il observe un temps de silence, puis ajoute avec un sourire
gêné:

— Et puis, j'aime mieux que vous montiez seule...

10　　— Pourquoi?

— C'est moins beau que chez vous, vous savez...

Eve sourit, vient spontanément à lui, le serre dans ses bras
et demande gaiement:

— Au troisième?

15　　— La porte de gauche, précise-t-il, déjà rasséréné.

Elle se dirige vers la maison, se retourne sur le seuil; Pierre
est immobile et la regarde. Il demande timidement:

— Quand vous y serez, dites-moi au revoir par la fenêtre.

Amusée, elle fait un petit acquiescement des yeux et pénè-
20　tre dans la maison...

LA CHAMBRE DE PIERRE

Eve entre dans la chambre,
referme derrière elle la porte et regarde autour d'elle. Elle
voit une chambre modeste mais propre, parfaitement en
ordre et relativement confortable.

25　　Derrière un rideau il y a un petit cabinet de toilette, auprès duquel s'ouvre la porte d'une cuisine grande comme un mouchoir de poche.

Eve est un peu émue de voir l'endroit où elle va vivre, mais elle se reprend vite.

Elle gagne la fenêtre dont elle ouvre les battants...   5

LA RUE ET LA MAISON DE PIERRE

En face de sa maison de l'autre côté de la rue, Pierre fait nerveusement les cent pas.[64]

Eve paraît à la fenêtre et lui crie joyeusement:

— C'est très bien, Pierre.

Il sourit, un peu détendu: 10

— C'est vrai?

— Très bien, appuie-t-elle.

Alors, il lui fait un signe de la main et crie:

— A tout à l'heure.

Il s'éloigne rapidement.   15

LA CHAMBRE DE PIERRE

Durant quelques secondes, Eve suit Pierre qui s'éloigne, puis elle se retourne vers la chambre.

Sa gaieté tombe.

[64] fait . . . les cent pas, *walks . . . back and forth.*

Elle fait quelques pas, pose son sac d'un air las.

Son regard s'arrête soudain sur une photographie encadrée, placée bien en évidence sur une commode.

C'est le portrait d'une vieille femme très simple, à cheveux
5 blancs: la mère de Pierre.

A côté du cadre, se trouve un petit vase avec un bouquet de fleurs depuis longtemps fanées.

Eve s'approche de ce portrait, le contemple longuement avec émotion.

10 Elle sort du vase les fleurs desséchées. Puis elle reprend courage, et s'éloigne en enlevant son manteau de fourrure.

LA RUE DES CONSPIRATEURS

Pierre arrive devant la porte
de la maison où se tiennent les réunions.

Après avoir examiné rapidement les alentours, il entre.

L'ESCALIER DES CONSPIRATEURS

15 Pierre monte rapidement l'escalier.

Parvenu devant la porte de la chambre, il frappe selon le code particulier et attend.

Et, comme rien ne bouge, il frappe à nouveau, en criant à travers la porte:

— C'est Dumaine...

LA CHAMBRE DES CONSPIRATEURS

La porte s'ouvre. L'homme 5 qui vient d'ouvrir n'est autre que l'ouvrier qui, sur la route, lors de la «résurrection» de Pierre, avait conseillé à Paulo de le suivre. Il a un regard fuyant et s'efface pour laisser passer l'arrivant.

Pierre entre, un peu essoufflé, en jetant un hâtif: 10

— Bonsoir...

Puis il traverse la pièce et s'approche de ses camarades. Il y a là Poulain, Dixonne, Langlois et Renaudel, assis autour de la table.

Appuyé à la cheminée, derrière eux, Paulo se tient debout. 15

L'ouvrier, après avoir refermé la porte, suit lentement Pierre.

Ils ont tous un air sombre et tendu, mais Pierre ne s'aperçoit pas tout de suite de leurs regards durs et méfiants.

— Bonsoir, les gars, dit-il d'une voix agitée. Il y a du nou- 20 veau. Demain, on ne bouge pas. L'insurrection n'aura pas lieu.

Les autres accueillent cette nouvelle sans aucune réaction.

Seul, Dixonne fait simplement:

— Ah?...

Poulain baisse la tête et boit son verre de vin à petits coups. Paulo, sans un regard pour Pierre, quitte la cheminée et se dirige vers la fenêtre.

Pierre reste interloqué.

5 Il s'aperçoit pour la première fois que ses camarades le regardent d'une façon anormale.

Il constate:

— Vous en faites, des gueules![65]

Il essaie de sourire, mais il ne rencontre que des visages
10 fermés, figés, et son sourire tombe.

Puis, il se remet à parler avec gêne:

— Nous sommes repérés. Ils savent tout. Le régent a fait amener deux régiments et une brigade de la milice en renforts.

15 Très froid, Dixonne constate:

— Intéressant. Seulement, qui c'est qui t'a renseigné[66] comme ça?

Pierre s'asseoit sur une chaise en balbutiant:

— Je... je ne peux pas vous le dire.

20 A son tour, Langlois prend la parole:

— Ça ne serait pas Charlier, par hasard?

Pierre sursaute:

— Qui?

— Tu étais chez lui ce matin. Tu t'es promené toute la
25 journée avec sa femme.

— Oh! lâchez-moi! s'exclame Pierre. Elle n'a rien à voir là-dedans.

Durement, Renaudel déclare:

— Nous avons quand même le droit de te demander ce

---

[65] **Vous en faites, des gueules!** (slang), *You are pulling long faces!* **En** is redundant.

[66] **qui c'est qui t'a renseigné** should be **qui est-ce qui t'a renseigné,** or better, **qui t'a renseigné.**

que tu fricotes avec la femme d'un secrétaire de milice, la veille d'un jour pareil?

Pierre se redresse et les regarde l'un après l'autre.

— Eve est ma femme.

Avec un petit rire sec, Dixonne se lève. Les autres contemplent Pierre avec des visages incrédules. Enervé par le rire de Dixonne, Pierre se lève à son tour, furieux:

— C'est bien le moment de rigoler, nom de Dieu! Je vous explique que nous sommes repérés. Si nous bougeons, demain ce sera un massacre et la Ligue sera liquidée. Qu'est-ce que vous venez[67] me parler de la femme de Charlier?

Haussant les épaules, il enfonce ses mains dans ses poches.

Pendant qu'il parlait, Dixonne a fait silencieusement le tour de la table. Il vient regarder Pierre bien en face.

— Ecoute, Dumaine, dit-il, ce matin tu pétais le feu: c'est pour demain. Tu nous quittes. Un inconnu te tire dessus. Il aurait tiré à blanc, ça se serait passé tout pareil.[68] Bon...

Pierre retire les mains de ses poches et écoute, les dents serrées, pâle de colère.

— Tu te relèves, poursuit Dixonne. Tu rembarres Paulo qui veut t'accompagner et tu files chez Charlier. Maintenant, tu viens nous sortir ces salades[69]... Comment est-ce que tu veux qu'on te croie?

— Ah! c'est donc ça! s'exclame Pierre. J'ai travaillé cinq ans avec vous. La Ligue, c'est moi qui l'ai fondée...

Renaudel, en se levant de table, l'interrompt sèchement:

— Ça va. Nous raconte pas[70] ta vie. On te demande ce que tu faisais chez Charlier?

[67] Qu'est-ce que vous venez, familiar style for Pourquoi venez-vous?

[68] Il aurait tiré à blanc, ça se serait passé tout pareil, *If he had fired a blank cartridge, the same thing would have happened.* Dixonne suspects Pierre of having staged a sham death.

[69] sortir ces salades, *pull this nonsense.*

[70] Nous raconte pas: Ne nous raconte pas.

Poulain se lève à son tour:

— Et ce que tu faisais au pavillon du parc?

Langlois, le plus timide, se dresse aussi et, avec un ton de doux reproche:

5 — Tu es allé voler son gosse à un type de la rue Stanislas...

— Tu l'as menacé de la police, renchérit Dixonne, en lui lançant des billets de mille à la tête. Qu'est-ce que ça veut dire, tout ça? On t'écoute.

Pierre les a regardés tour à tour. Il est submergé par ce flot
10 d'accusations, et se sent impuissant à les convaincre:

— Je ne peux pas vous expliquer. Je vous dis de ne pas bouger demain et c'est tout.

— Tu ne veux pas répondre? insiste Dixonne.

— Je vous dis que je ne peux pas, nom de Dieu! explose
15 Pierre. Et même si c'était que je ne veux pas, je suis votre chef, oui ou non?

Simplement, après avoir consulté ses camarades du regard, Dixonne laisse tomber ces mots:

— Plus maintenant, Dumaine.

20 Avec un sourire méprisant, Pierre ricane:

— Tu es content de me dire ça, hein, Dixonne? Tu vas l'avoir enfin, ma place...

Et, pris d'une rage soudaine, il se met à crier:

— Mais, pauvres abrutis, qu'est-ce que vous croyez? *Moi,*
25 j'aurais donné la Ligue?

Furieux, il fait le tour des visages.

— Enfin, quoi, vous me connaissez. Voyons, Paulo...

Paulo baisse la tête et se met à marcher à travers la pièce, comme il n'a cessé de le faire pendant toute la scène.

30 — Tout le monde, alors? continue Pierre. Pensez ce que vous voudrez. Mais je vous dis que si vous marchez demain, ce sera un massacre et que vous en serez responsables...

Dixonne l'interrompt froidement, sans colère:

— Ça va comme ça, Dumaine. Tire-toi.[71]

Les uns après les autres, ils tournent le dos à Pierre, mais Renaudel prononce encore:

— Et si nous avons des ennuis demain, on saura où te trouver.   5

Maintenant, ils s'écartent de lui, vont se grouper près de la fenêtre. Pierre reste seul au milieu de la pièce...

— C'est bien, dit-il enfin. Faites-vous tous crever demain, si ça vous amuse. Ce n'est pas moi qui irai vous plaindre.

Il se dirige vers la porte, mais avant de l'atteindre il se   10 retourne, et regarde ses compagnons:

— Ecoutez, les gars...

Mais ses cinq camarades lui tournent le dos. Les uns regardent dans la rue, les autres dans le vague.

Alors, il sort en claquant furieusement la porte derrière   15 lui...

LA CHAMBRE DE PIERRE

Eve s'occupe à disposer un bouquet de roses dans un vase.

Quelques coups frappés à la porte l'interrompent.

Elle va ouvrir, et Pierre paraît, le visage sombre. Eve lui   20 sourit. Il fait un effort pour sourire aussi. Puis il regarde la chambre et fronce de nouveau les sourcils. Il s'avance dans une chambre transformée.

Eve n'a pas fait que disposer[72] des fleurs; des rideaux gar-

[71] Tire-toi (slang), Beat it.

[72] n'a pas fait que disposer, *has not only arranged* (ne . . . pas . . . que is not good usage; one should say, n'a pas seulement disposé).

nissent les fenêtres; un nouvel abat-jour pare la vieille lampe; la table est recouverte d'un joli tapis. La lumière est allumée bien que dehors la nuit ne soit pas tout à fait tombée.

Eve suit son ami, épiant ses réactions. Pierre, stupéfait,
5 murmure:

— Qu'est-ce que vous avez fait?

Il s'approche de la table, touche du doigt une des roses posées dans le vase, puis la frappe nerveusement d'une chiquenaude.

10 Il va à la fenêtre, tâte les rideaux.

Son visage s'assombrit, il se retourne et dit:

— Je ne veux pas profiter de votre argent.

Déçue, Eve reproche:

— Pierre! C'est aussi *ma* chambre...

15 — Je sais...

Maussade, il regarde au dehors en pianotant contre la vitre. Eve s'approche de lui et interroge:

— Vous avez vu vos amis?

Sans se retourner, il répond tristement:

20 — Je n'ai plus d'amis. Ils m'ont chassé, Eve.

— Pourquoi?

— Nous devions marcher contre le régent demain. C'était le grand coup. J'allais leur dire qu'on nous tendait un piège et qu'il ne fallait pas bouger. Ils m'ont pris pour un traître.

25 Eve l'écoute en silence.

Pierre ajoute avec un petit rire sec:

— Ils m'ont vu avec vous et ils connaissent votre mari, vous comprenez?

A ce moment, on frappe à la porte.

30 Pierre se retourne brusquement. Son visage devient grave comme s'il pressentait un danger.

Après une courte hésitation, il va éteindre la lumière, ouvre un tiroir de la commode, en sort un revolver qu'il met, sans

le lâcher, dans la poche de son veston. Puis il se dirige vers
la porte, écarte Eve qui s'en était approchée, en disant à voix
basse:

—Ne restez pas devant la porte.

Lorsque la jeune femme s'est mise de côté, il ouvre 5
brusquement la porte. Il reconnaît Paulo.

—Ah! c'est toi? dit-il, qu'est-ce que tu veux?

Paulo ne répond pas immédiatement.

Il est hors d'haleine et semble au comble de l'émotion.

—Qu'est-ce que tu fais chez un mouchard? interroge 10
Pierre, durement.

Et comme Paulo demeure toujours silencieux, il s'emporte:

—Alors, quoi, tu te décides?

—Va-t-en, Pierre. Sauve-toi. Ils vont venir. Ils veulent te
descendre.[73] 15

—Tu crois que je vous ai donnés?[74]

—Je ne sais pas, répond Paulo, mais va-t-en, Pierre. Il faut
que tu t'en ailles.

Pierre demeure une seconde pensif, puis il articule:

—Adieu, Paulo. Et merci tout de même. 20

Il referme la porte, et retourne jusqu'au meuble où il a
pris le revolver. Eve est là, adossée au mur. Dans la pénombre
du jour tombant, ils se voient à peine.

—Allez-vous-en, Eve, conseille Pierre. Vous avez entendu?
Vous ne pouvez pas rester ici. 25

Elle se met à rire.

—Et vous? Vous partez?

—Non, dit-il en remettant son revolver dans le tiroir.

—Mon pauvre Pierre. Alors, je reste aussi.

—Il ne faut pas. 30

—Où voulez-vous que j'aille?

[73] te descendre (slang), *"get" you.*
[74] donnés, *betrayed.*

—Lucette? suggère Pierre.

Elle hausse les épaules et s'approche lentement de la table en déclarant:

—Je n'ai pas peur de la mort, Pierre. Je sais ce que c'est.

5 Elle se penche sur le vase de fleurs, prend une rose et la met dans ses cheveux.

—Et puis, poursuit-elle, de toute façon, nous allons mourir, n'est-ce pas?

Pierre s'étonne:

10 —Pourquoi?

—Parce que nous avons manqué notre coup...

Elle se tourne vers Pierre et lui prend le bras.

—Allons, Pierre, avouez... ce n'est pas pour moi que vous avez voulu revivre. C'est pour votre insurrection... A présent

15 qu'elle va rater, cela vous est égal de mourir. Vous savez qu'on va venir vous tuer et vous restez ici.

—Et vous? Ce n'est pas pour Lucette que vous êtes revenue sur terre?

Elle pose sa tête contre la poitrine de Pierre et, après un

20 petit silence, murmure:

—Peut-être...

Il la serre dans ses bras.

—Nous avons perdu, Eve, dit-il. Il n'y a plus qu'à attendre...

25 Puis il lève les yeux:

—Regardez.

—Quoi?

—Nous.

Alors seulement, elle voit leur double image qui se reflète

30 dans la glace.

—C'est la première fois et la dernière, dit-il, que nous nous voyons ensemble dans une glace...

Et souriant à leur image, il ajoute:

— Ça pouvait aller...

— Oui, ça pouvait aller. Vous étiez juste assez grand pour que je mette la tête sur votre épaule...

Soudain des pas se font entendre dans l'escalier.   5

Ensemble, ils tournent la tête vers l'entrée.

— Les voilà, dit Pierre simplement.

Eve et Pierre se regardent intensément...

— Prenez-moi dans vos bras, demande Eve.

Il l'enlace. Pierre et Eve se regardent comme s'ils voulaient   10
fixer pour toujours leur image vivante.

— Embrassez-moi, dit Eve.

Pierre l'embrasse. Il desserre son étreinte. Ses mains remontent, le long du corps de la jeune femme, jusqu'à la poitrine.

— Quand j'étais mort, dit-il à voix basse, j'avais tant envie   15
de caresser votre poitrine. Ce sera la première et la dernière fois...

— J'avais tant envie que vous me preniez dans vos bras, murmure-t-elle.

Cette fois, on frappe à coups redoublés. Pierre enlace Eve   20
de nouveau. Il lui parle, souffle contre souffle.

— Ils vont tirer dans la serrure. Ils vont tirer sur nous. Mais j'aurai senti votre corps avec mon corps. Ça valait la peine de revivre...

Eve s'abandonne entièrement à lui. Et puis, ils distinguent   25
un piétinement sur le palier, et les pas se mettent à redescendre l'escalier, décroissent, pour disparaître définitivement.

Pierre se redresse lentement, Eve tourne la tête vers la porte. Ils se regardent, et ils se sentent soudain confus, embarrassés par leurs corps.   30

Eve se dégage et se détourne:

— Ils sont partis.

Elle fait quelques pas et vient s'accouder au dossier d'un fauteuil. Pierre s'est approché de la fenêtre pour essayer de voir dans la rue.

— Ils reviendront, assure-t-il.

5   Puis, il se dirige vers elle.

— Eve, qu'est-ce qu'il y a?

Elle se retourne vivement vers lui:

— Non, n'approchez pas.

Pierre s'arrête et demeure un instant sur place.

10   Puis, se rapprochant, il répète plus doucement:

— Eve...

Elle le regarde s'approcher, raidie, cabrée.

Lentement, les deux mains de Pierre enserrent le visage d'Eve:

15   — Eve, il n'y a plus que nous deux... Nous sommes seuls au monde. Il faut nous aimer. Il faut nous aimer; c'est notre seule chance.

Eve se détend légèrement.

Soudain, elle se dégage, traverse la chambre suivie par le
20   regard de Pierre. Il a un air dur, surpris et tendu. Sans prononcer une parole elle va s'asseoir en travers du lit, le buste un peu rejeté en arrière, s'appuyant sur ses mains. Elle se tient toute droite et attend Pierre avec un mélange de décision résolue et d'angoisse.

25   Pierre s'avance vers elle, hésitant...

Il est maintenant contre le lit. Alors, Eve se renverse doucement en arrière, les mains près de la tête. Ses yeux sont grands ouverts. Pierre a les deux bras écartés et se tient appuyé sur les deux mains. Ses bras plient, il se penche encore.
30   Mais Eve détourne légèrement la tête, et il enfouit son visage dans le cou de la jeune femme.

Elle demeure immobile. Ses yeux grands ouverts fixent le plafond taché avec sa suspension bon marché. Elle aperçoit dans un éclair la table avec les fleurs, le meuble avec la photo de la mère, le miroir et encore le plafond.

Pierre prend brusquement et presque brutalement les lèvres de la jeune femme.

Eve ferme un court instant les yeux, puis les ouvre tout 5 grands et fixes.

Son bras s'est accroché à l'avant-bras de Pierre dans un geste de défense. La main mollit, remonte jusqu'à l'épaule, et soudain se crispe violemment...

Et la voix d'Eve éclate, dans un cri de triomphe et de 10 délivrance:

— Je t'aime...

Dehors, maintenant, le jour est presque complètement tombé...

Et puis, c'est le jour, le soleil qui entre à flots par la fenêtre. 15

Pierre sort du cabinet de toilette. Il est en bras de chemise et s'éponge le visage avec une serviette.

— Ils ne sont pas venus, dit-il tout à coup.

Eve, qui finit de se coiffer devant la glace, répond avec assurance: 20

— Ils ne viendront plus.

— Sais-tu pourquoi? questionne-t-il en la prenant par les épaules.

Elle le regarde tendrement.

— Oui. Quand ils ont frappé à la porte, nous avons com- 25 mencé à nous aimer.

Il précise:

— Ils sont repartis parce que nous avions gagné le droit de vivre.

— Pierre, murmure-t-elle en se serrant contre lui, Pierre, 30 nous avons gagné...

Ils demeurent ainsi un instant, puis elle demande:

—Quelle heure est-il?

Pierre jette un coup d'œil vers le réveille-matin qui indique neuf heures et demie.

—Dans une heure, dit-il, l'épreuve est finie...

5 Souriante, elle le force à se tourner vers le miroir dans lequel leurs images se reflètent.

—Nous étions là...

—Oui.

—Pierre, qu'est-ce que nous allons faire de cette vie nou-
10 velle?

—Ce que nous voudrons. Nous ne devons plus rien à personne.

Pendant qu'ils échangent ces quelques mots, on entend un bruit dans la rue. C'est toute une troupe qui défile, avec des
15 tanks et des véhicules motorisés.

Pierre écoute...

Eve l'observe sans un mot, avec une appréhension croissante. Brusquement, elle interroge:

—Tu ne regrettes pas tes camarades?

20 — Et toi, regrettes-tu Lucette?

— Non, dit-elle fermement.

Mais, accrochée à son bras, elle répète nerveusement:

—Et toi?

Pierre secoue la tête farouchement:

25 —Non.

Il se dégage, fait quelques pas et s'arrête près de la fenêtre.

Crispé, il écoute le bruit de la troupe de plus en plus proche:

—Ça dure longtemps... Ils doivent être nombreux...

30 Eve se rapproche, le prend par un bras, supplie:

—Pierre, ne les écoute pas... Nous sommes seuls au monde...

Il la serre nerveusement et répète:

— Oui. Nous sommes seuls au monde...

Sa voix se hausse, s'exalte pour ne plus entendre le martèlement des pas et le bruit des tanks.

— Nous quitterons la ville. Je gagnerai ta vie. Je serai
heureux de travailler pour toi. Les copains, la Ligue, l'insur- 5
rection, tu remplaceras tout. Je n'ai plus que toi, toi seule.

Il a presque crié sa dernière phrase, mais le vacarme de
l'armée en marche domine encore sa voix.

Il se dégage brutalement, et crie:

— Mais ça ne s'arrête pas, ça ne s'arrête pas.   10

— Pierre, gémit-elle, je t'en supplie. Ne pense qu'à nous.
Dans une heure...

Il a tiré le rideau et constate:

— Ils sont des milliers. Ça va être un massacre...

Il se détourne, marche nerveusement jusqu'au lit où il 15
s'assied, la tête dans ses mains.

Eve sait déjà que rien ne pourra plus le retenir; cependant,
elle lui parle encore:

— Pierre, ils t'ont insulté. Ils voulaient te tuer. Tu ne leur
dois plus rien...   20

Agenouillée devant lui, elle l'implore:

— Pierre, à présent, c'est envers moi que tu as des de-
voirs...

Il écoute les bruits de la rue, et répond distraitement:

— Oui...   25

Puis, après un court silence, il se décide:

— Il faut que j'aille là-bas.

Eve le regarde avec une sorte de terreur résignée:

— C'est pour eux que tu es revenu...

— Non, assure-t-il en prenant le visage d'Eve entre ses 30
mains, non, c'est pour toi...

— Alors?

Il secoue la tête, désespéré, mais obstiné:

— Je ne peux pas les laisser faire.

Dans un mouvement violent, il se dresse, prend son veston du dossier d'une chaise et, tout en l'enfilant hâtivement, court à la fenêtre.

5   Il est déjà repris par la fièvre de l'insurrection. Il est anxieux, mais en même temps presque joyeux.

— Pierre, dit-elle, nous n'avons pas encore gagné. Il nous reste une heure à peine...

Il se retourne vers elle et la saisit par les épaules:

10   — Est-ce que tu m'aimerais si je les laissais massacrer?

— Tu as fait ce que tu as pu.

— Non. Pas tout... Ecoute: il y a réunion des chefs de section dans une demi-heure. Je vais y aller. J'essayerai de les arrêter. Quoi qu'ils décident, je reviendrai avant dix heures

15   et demie. Nous nous en irons, Eve. Nous quitterons la ville, je te le jure. Si tu m'aimes, laisse-moi partir. Sans ça, je ne pourrai plus jamais me regarder dans une glace...

Elle se serre désespérément contre lui.

— Tu reviendras?

20   — Avant dix heures et demie.

— Tu me le jures?

— Je te le jure.

Déjà, il se dirige vers la porte, mais elle le retient encore.

— Eh bien, va..., murmure-t-elle. Va, Pierre. C'est la plus

25   belle preuve d'amour que je puisse te donner...

Il la serre dans ses bras et l'embrasse, mais on le sent distrait.

Cependant, une pensée le retient une seconde:

— Eve, tu m'attends ici?

30   — Oui, je... commence-t-elle, puis elle se reprend vivement d'un air un peu gêné:

— Non... Je vais essayer de revoir Lucette. Tu me téléphoneras là-bas.

Il l'embrasse encore une fois, et court vers la porte. Eve lui dit encore doucement:

— A présent, va... Et n'oublie pas ce que tu m'as juré.

Alors elle s'approche de la commode, ouvre le tiroir, en sort le revolver de Pierre, va prendre sur la table son sac à 5 main, dans lequel elle glisse l'arme en se dirigeant vers la porte.

Au moment de sortir, elle se ravise, vient se pencher sur le lit défait et ramasse la rose que, la veille au soir, elle avait dans ses cheveux. 10

DEVANT LA MAISON DE PIERRE

Pierre paraît sur le seuil de l'immeuble, poussant sa bicyclette. Avant de sortir, il scrute la rue d'un regard rapide; au passage, ses yeux se lèvent sur la grosse montre-enseigne dont les aiguilles marquent dix heures moins vingt... 15

Il gagne la chaussée, enfourche rapidement son vélo et démarre.

A dix mètres de là, dissimulé sous une porte cochère, Lucien Derjeu observe la sortie de Pierre. Lui aussi tient sa bicyclette à la main. 20

Il se penche et quand il est sûr de ne pas être repéré, il monte à son tour et suit Pierre à distance.

LE PALIER DE LA CHAMBRE DE PIERRE

Eve sort de la chambre, ferme la porte et commence à descendre rapidement l'escalier.

UNE RUE

C'est une rue très en pente, et Pierre la dévale à toute allure avec Lucien Derjeu sur ses
5 talons.

CHEZ LES CHARLIER

La main d'Eve glisse une clef dans la serrure et la tourne précautionneusement.

La porte s'ouvre doucement sur le vestibule; le visage grave et tendu d'Eve Charlier se montre dans l'entre-bâillement.

10 Elle s'assure que le vestibule est désert, puis elle entre, referme la porte silencieusement, se dirige enfin vers la porte

du salon qui se trouve au bout du couloir. Elle se reflète au passage dans la glace du couloir, mais sans s'attacher à ce détail.

Un instant, elle s'immobilise, écoute, puis elle ouvre avec précaution.   5

Elle aperçoit André et Lucette assis côte à côte sur le canapé.

Lui est en veston d'intérieur, elle en robe de chambre. Ils prennent le petit déjeuner en devisant tendrement. André paraît jouer un jeu dont il est seul à connaître les dangers. 10 Mais peut-être Lucette n'est-elle pas tout à fait inconsciente...

Eve se glisse dans la pièce et, brusquement, referme la porte avec force...

Le bruit arrache André et Lucette de l'engourdissement où ils semblaient se complaire. Ils tournent les yeux vers la porte 15 et sursautent. André change de couleur, Lucette se redresse et tous deux restent là, un moment, sans voix et sans réaction.

Eve marche sur eux d'un pas ferme et le regard droit. André parvient enfin à se lever.

Eve s'arrête à quelques pas du couple et dit: 20
— Eh oui, André, c'est moi.
— Qui te permet? demande André.

Sans paraître l'avoir entendu, Eve s'installe dans un fauteuil.

En face d'elle, Lucette, incapable de dire un mot, est restée 25 assise.

Brusquement, André s'avance vers sa femme, comme s'il voulait la jeter dehors.

Alors Eve sort brusquement le revolver de Pierre et le braque sur André, en disant: 30
— Assieds-toi!

Terrifiée, Lucette pousse un cri:

—Eve!

André s'est arrêté, hésitant sur l'attitude à adopter. Eve répète:

—Je te dis de t'asseoir.

5 Et comme Lucette vient enfin de se lever à son tour, elle ajoute:

—Non, Lucette, non. Si tu t'approches, je tire sur André.

Lucette, effrayée, se rassied. André se détourne et regagne sa place auprès de la jeune fille.

10 Eve garde le revolver dans sa main, mais le pose sur le sac.

—Mon pauvre André, dit-elle, je crois que je n'ai plus rien à perdre. J'attends un coup de téléphone qui me fixera sur mon sort. Mais, d'ici là, nous allons causer, tous les deux, devant Lucette. Je vais lui raconter ta vie, ou ce que j'en sais.

15 Et je te jure que si tu essaies de mentir, ou si je n'arrive pas à la dégoûter de toi, je viderai ce revolver sur toi.

André avale difficilement sa salive.

Lucette est terrorisée.

—Vous êtes d'accord tous les deux? questionne Eve.

20 Et comme ni l'un, ni l'autre ne souffle mot, elle ajoute:

—Alors, je commence... Il y a huit ans, André, tu avais gaspillé la fortune de ton père et tu cherchais à faire un beau mariage...

LE HANGAR DES CONSPIRATEURS

Ce hangar est une sorte de
25 garage désaffecté, situé dans les faubourgs. Une trentaine

d'hommes y sont réunis, debout, le visage tourné vers
Dixonne et Langlois qui les dominent du haut de la plate-
forme arrière d'un vieux camion sans pneus.

Dixonne termine un exposé:

— Telles sont, camarades, les dernières instructions. Vous 5
regagnerez vos postes au plus vite et vous attendrez les con-
signes. Dans vingt minutes, l'insurrection sera déclanchée.

Les hommes l'ont écouté d'un air tendu et réfléchi. Ce sont
tous des ouvriers, âgés d'une trentaine d'années pour la plupart.   10

Lorsque Dixonne se tait, il se fait d'abord un silence, puis
plusieurs voix lancent au hasard:

— Et Dumaine?

— Pourquoi Dumaine n'est-il pas là?

— Est-ce que c'est vrai que c'était un mouchard?   15

Dixonne tend les mains en avant pour obtenir le silence et
réplique:

— A présent, camarades, je vais vous parler de Pierre Dumaine...

Par une ruelle déserte, Pierre vient d'atteindre le hangar. 20
Il saute rapidement de la bicyclette, jette un dernier regard
méfiant autour de lui, puis s'approche d'une porte à deux
battants.

Il constate que la porte est fermée de l'intérieur.

En courant, il contourne cette partie du hangar, saute la 25
barrière d'un jardinet sordide et disparaît...

De loin, plaqué contre un mur, Lucien Derjeu le surveille.
Il est haletant, en sueur.

Lorsque Pierre s'est dérobé à ses yeux, il hésite un instant,
puis, à son tour, se met à courir dans une direction opposée 30
à celle prise par Pierre...

Ce dernier saute dans un nouveau jardinet, effarouche quelques poules squelettiques, et s'arrête enfin sous une lucarne qui s'ouvre à quelques mètres du sol.

Il parvient à se hisser jusqu'à la lucarne; un rétablissement
5   lui permet de voir ce qui se passe à l'intérieur du hangar.

Dixonne parle toujours:

—...Nous avons eu la chance de le démasquer juste à temps. Il n'a pu nous fournir aucune explication et il a préféré disparaître...

10 Tout proche la voix de Pierre lance:

—C'est faux!

D'un seul mouvement, tous les visages se tournent vers la fenêtre, et les conspirateurs stupéfaits voient Pierre enjamber la lucarne, se suspendre à la moulure supérieure de la fenêtre
15 et sauter à pieds joints sur le sol.

Rapidement, Pierre se dirige vers le groupe des conspirateurs. Ceux-ci s'écartent pour le laisser passer.

Pierre va jusqu'au centre du hangar, tout près du camion sur lequel se tiennent Dixonne et Langlois.

20 Là, il se retourne, les mains dans les poches, mais la taille redressée et les jambes droites, et commence à parler:

—Me voilà, camarades. Mais oui, voilà le traître, le vendu qui a pris la fuite après avoir touché l'argent du régent.

Il fait maintenant quelques pas au milieu des conspirateurs
25 en les regardant bien dans les yeux.

Pierre s'immobilise et reprend après un instant:

—Qui vous a redonné du courage quand tout allait mal? Qui a fondé la Ligue? Qui a travaillé des années contre la milice?

30 Tout en parlant, Pierre revient près du camion et, désignant Dixonne et Langlois:

—Hier, Langlois et Dixonne m'ont bassement attaqué et je n'ai pas voulu me défendre. Devant vous, je me défendrai... Pas pour moi, pour vous. Je ne veux pas que vous alliez au massacre.

UNE CABINE TELEPHONIQUE

Lucien Derjeu vient de s'enfermer dans la cabine téléphonique d'un petit bistrot de la zone. Fébrilement, il compose un numéro et attend anxieusement... 5

De sa main libre, il essuie la sueur sur son front, tout en surveillant d'un regard apeuré, à travers la vitre, la rue déserte...

LE BUREAU DU CHEF DE LA MILICE

Le chef de la milice est assis 10 à son bureau, penché sur une carte, entouré de plusieurs chefs de section en uniforme. On les sent raidis dans l'attente du même événement.

La sonnerie du téléphone rompt le silence.

Le chef de la milice décroche l'un des nombreux appareils 15 qui garnissent son bureau, écoute, puis, d'un coup d'œil, avertit ses subalternes qu'il s'agit bien de la communication qu'il espérait.

Il écoute un moment, le visage attentif, ponctuant les déclarations de son correspondant de brefs:

— Oui, oui...

Sèchement, il ordonne à l'un de ses collaborateurs:

5 — Notez...

— Carrefour d'Alheine, ancien garage Dubreuil...

LE HANGAR DES CONSPIRATEURS

Terminant ses explications, Pierre s'écrie avec véhémence:

— Est-ce que vous me croyez, camarades?

10 La voix de Dixonne s'élève:

— Camarades!

Mais, dans un mouvement violent, Pierre se tourne vers lui et ordonne:

— Tais-toi, Dixonne. Tu parleras quand je te donnerai la

15 parole.

Puis, désignant le groupe qui les entoure, il ajoute:

— Tant que les camarades ne m'auront pas condamné, je suis encore leur chef.

Alors, une voix anonyme pose une question:

20 — Et la femme de Charlier, Pierre?

Pierre ricane:

— Nous y voilà. La femme de Charlier.

Il fait un pas vers l'homme qui a parlé:

— Oui, je connais la femme de Charlier. Oui, je la con-

25 nais. Et savez-vous ce qu'elle a fait? Elle a quitté son mari

pour venir vivre avec moi. C'est elle qui m'a renseigné...[75]
Nous sommes trahis, les gars. Trahis.

Nerveusement, tout en parlant, il marche devant le front
de sa petite troupe, et l'on sent que les autres commencent
à le croire.   5

— Les miliciens, poursuit-il, sont consignés dans leurs ca-
sernes. Trois régiments sont entrés cette nuit dans la ville.

Il revient près du camion et s'adresse maintenant à Dixonne
et à Langlois, qui ne sont pas loin, eux-mêmes, d'être con-
vaincus: 10

— Le régent nous connaît tous. Il sait ce que nous prépa-
rons. Il nous a laissé faire pour mieux nous écraser.

— Qu'est-ce qui nous prouve que c'est vrai? jette l'un des
hommes.

Pierre fait de nouveau face au groupe.   15

— Rien, répond-il. C'est une question de confiance. Est-ce
que vous condamnerez un homme qui a travaillé dix ans
avec vous, ou est-ce que vous le croirez sur parole? Voilà la
question.

Cette déclaration crée des mouvements divers parmi les   20
conspirateurs. Pierre insiste, avec force:

— Si j'étais un traître, qu'est-ce que je ferais ici?

Alors, l'un des hommes se détache du groupe et vient se
mettre aux côtés de Pierre.

— Camarades, dit-il gravement, moi, je le crois. Il n'a   25
jamais menti jusqu'ici.

Un autre, puis un autre, un autre encore viennent se joindre à lui:

— Moi aussi...

— Moi aussi, Pierre...   30

---

[75] *c'est elle qui m'a renseigné:* Pierre has evidently decided to tell this
untruth to save his comrades.

C'est maintenant un revirement général, spontané de tous vers Pierre.

— Je suis avec toi, Dumaine...

Pierre réclame le silence:

5 — Alors, écoutez-moi... Il ne faut rien faire aujourd'hui. Je...

Une sonnerie de téléphone lui coupe la parole.

Pierre se tait. Toutes les têtes se tournent vers un coin du garage.

10 Le visage soudainement grave, Langlois saute du camion et se dirige en courant vers une petite cabine, tandis que tous les autres demeurent sur place, immobiles, tendus.

On entend la voix de Langlois, hachée de longs silences:

— Oui... Oui... Où? Non... Quoi?... Non... Non... Attendez 15 les ordres.

Maintenant, Langlois ressort de la cabine, le visage anxieux, tourmenté.

Il s'approche du groupe, regarde Pierre et Dixonne, puis déclare:

20 — Ça a commencé. Le groupe Nord attaque la préfecture...

Pierre, vers qui soudain tous les regards convergent, fait un geste d'impuissance et de désespoir. Ses bras retombent, son dos se voûte, et il fait quelques pas vers le fond du garage.

Dixonne, ébranlé, demande d'une voix incertaine:

25 — Pierre, qu'est-ce qu'il faut faire?

Pierre se retourne vers lui avec une véhémence désespérée:

— Ce qu'il faut faire? Je n'en sais rien et je m'en fous.

Il fait encore quelques pas, les poings crispés, se retourne à nouveau et lance violemment:

30 — Vous n'aviez qu'à m'écouter quand il était encore temps. Maintenant, débrouillez-vous, je m'en lave les mains.

Pourtant, il ne s'en va pas. Il revient vers ses camarades, les mains dans ses poches, la tête basse.

Dixonne insiste:

— Pierre, nous avons eu tort. Mais ne nous lâche pas. Il n'y a que toi qui puisses faire quelque chose... Tu sais ce qu'ils ont préparé...

Sans répondre, Pierre fait quelques pas sous les regards 5 suppliants de ses camarades.

Enfin, il relève la tête, et demande avec un sourire amer:

— Quelle heure est-il?

Dixonne consulte sa montre:

— Dix heures vingt-cinq, répond-il.   10

Pierre réfléchit intensément.

Il relève enfin la tête et dit dans un grand effort:

— C'est bon, je reste...

Puis aussitôt, il ajoute à l'adresse de Dixonne:

— Un moment, je vais téléphoner.   15

Il se dirige vers la cabine téléphonique vitrée, s'y enferme, tandis que dans l'étroite ouverture d'un vasistas, à quelques mètres de là, apparaît le visage de Lucien Derjeu qui l'observe.

LE SALON DES CHARLIER

Eve se tient debout derrière le 20 canapé, revolver au poing. André et Lucette sont toujours assis et ne se regardent pas. Eve vient de terminer son récit.

— Voilà, Lucette, dit-elle, voilà la vie d'André... Est-ce que j'ai menti, André?

Avec un mélange de peur et de dignité froissée, André 25 répond, par-dessus son épaule:

— Je ne te répondrai pas. Tu es folle.

— Bien, fait simplement Eve.

Elle se penche, et prend dans la poche d'André un trousseau de clefs.

5 — Alors, Lucette, va chercher les lettres qui sont dans son secrétaire.

Elle tend le trousseau à sa sœur, mais celle-ci ne bouge pas.

Eve répète, plus fort:

— Va les chercher, Lucette, si tu tiens à la vie d'André.

10 En même temps, elle braque le revolver sur le crâne d'André.

Lucette, effrayée, s'empare du trousseau de clefs, se lève et se dirige vers la porte.

A ce moment, retentit la sonnerie du téléphone.

15 Eve et André sursautent.

André va pour se lever, mais Eve le rappelle à l'ordre.

— Ne bouge pas, ordonne Eve. C'est pour moi.

Elle se dirige rapidement vers l'appareil téléphonique. Lucette et André observent Eve qui vient de décrocher.

20 Le dos appuyé au mur, le revolver braqué sur le couple, la jeune femme répond:

— Allo!...

Et, tout de suite, sa voix s'attendrit:

— C'est toi, Pierre? Alors?

25 Elle écoute un instant, le visage tendu et angoissé:

— Ah, non..., non, Pierre...

Eve, bouleversée, répète:

— Tu ne peux pas... Ce n'est pas possible. Tu vas te faire tuer, c'est absurde. Rappelle-toi que je t'aime, Pierre... C'est

30 pour nous aimer que nous sommes revenus.

LE HANGAR

A travers les vitres de la cabine, on aperçoit Pierre qui téléphone.

Il est bouleversé lui aussi, mais il ne peut reculer.

— Comprends-moi, Eve, supplie-t-il. Il faut que tu me comprennes... Je ne peux pas lâcher les copains... Oui, je sais... 5 Ils n'ont aucune chance, mais je ne peux pas...

Au-dessus de lui, dans la cabine, une horloge électrique marque 10 heures 29...

LA FAÇADE DU HANGAR

Deux cars bondés de miliciens arrivent à toute vitesse et stoppent devant le hangar. 10

Un flot de miliciens se répand aussitôt et cerne la bâtisse.

LE SALON DES CHARLIER

Eve est toujours au téléphone:

— Non, Pierre. Ne fais pas ça... Tu m'as menti... Tu m'abandonnes... Tu ne m'a jamais aimée...

LE HANGAR

—Mais si, je t'aime, Eve, répond Pierre. Je t'aime. Mais je n'ai pas le droit de lâcher les copains.

Il ne voit pas Lucien Derjeu qui, du petit vasistas, vise
5 Pierre soigneusement avec son revolver.

Angoissé, Pierre appelle:

—Eve..., Eve...

Lucien Derjeu décharge rageusement son arme.

LE SALON DES CHARLIER

Le téléphone retentit du va-
10 carme amplifié des coups de feu.

Comme frappée par les balles, Eve glisse le long du mur, et tombe...

André se lève d'un bloc, pendant que Lucette jette un cri terrible.

LE HANGAR

Plusieurs hommes se précipitent vers la cabine téléphonique dont une vitre a volé en éclats. Lorsque l'un d'eux ouvre la porte, le corps de Pierre s'effondre à ses pieds...

Au même instant éclate une rafale de mitrailleuse. 5

Une voix crie:

— La milice!

Une nouvelle rafale fait voler en éclats la serrure de la porte. Les conspirateurs se dispersent dans tous les sens et se précipitent dans les coins, cherchant des abris. 10

En même temps, ils sortent les armes dont ils disposent.

Les deux battants de la porte viennent de s'ouvrir d'un coup. Les miliciens tirent dans tous les sens. Les conspirateurs ripostent, mais leur infériorité est écrasante.

Par deux fenêtres, des grenades fumigènes sont jetées et 15 propagent leur fumée étouffante.

Dixonne et Langlois, les yeux pleins de larmes, tirent à l'abri du camion.

Autour d'eux, leurs compagnons toussent; certains s'arrêtent de tirer pour frotter leurs yeux. 20

Une balle fait éclater la pendule électrique, dont les aiguilles indiquent 10 h. 30...

A ce moment, les jambes de Pierre passent par-dessus son propre corps... Il s'arrête un instant dans l'embrasure de la porte, regarde autour de lui et hausse les épaules. 25

Puis il avance à travers la fumée qui se fait de plus en plus dense.

Dehors, des miliciens cernent la sortie, armes braquées, attendant que les insurgés se rendent.

5 Pierre sort du hangar et passe invisible entre les miliciens.

LE PARC

La laiterie est fermée. Là aussi, la bataille a laissé des traces. Des vitres sont brisées. Les murs sont endommagés par les balles. Des branches coupées jonchent la piste de danse et les allées du parc.

10 Des tables et des chaises sont entassées en hâte, d'autres gisent renversées un peu partout.

On entend encore, au loin, la fusillade, par à-coups.

Pierre et Eve sont assis sur un banc. Lui est penché en avant, les coudes appuyés sur les genoux. Elle se tient près de

15 lui, mais il y a un petit espace entre eux.

Autour d'eux, tout est désert.

Seuls, quelques morts se promènent dans le lointain...

Enfin, Eve regarde Pierre et lui dit avec douceur:

—Tout n'est pas perdu, Pierre. Il en viendra d'autres qui

20 reprendront votre œuvre...

—Je sais. D'autres. Pas moi.

—Pauvre Pierre!... murmure-t-elle avec une immense tendresse.

Il relève la tête, interroge:

25 —Et Lucette?

Et comme Eve, à son tour, hausse les épaules sans répondre, il soupire:

—Pauvre gosse!

Cependant, pour la première fois, il semble que la jeune femme soit gagnée par l'indifférence de la mort.

—Dans quelques dizaines d'années, dit-elle paisiblement, ce sera une morte comme nous. Un petit moment à passer...

Ils demeurent un instant silencieux.

Tout à coup, une voix prononce:

—Je ne m'attendais pas à vous trouver ici.

Ils lèvent les yeux et voient devant eux le vieillard du dix-huitième siècle, toujours guilleret. Il interroge:

—Ça n'a pas marché?

—Six cents tués et blessés, répond Pierre. Deux mille arrestations.

Il fait un mouvement de tête dans la direction d'où vient la fusillade, en ajoutant:

—Et ça continue...

—Et vous deux... Vous n'avez pas...? fait le vieillard.

—Non, réplique Eve, non, nous n'avons pas... Les jeux sont faits, voyez-vous. On ne reprend pas son coup.

—Croyez que je prends part...[76] assure le vieillard.

Il a une envie folle de s'en aller.

Et comme, précisément, une jeune morte, assez jolie, passe près d'eux, il dit pour s'excuser:

—Je vous rappelle que mon club vous est toujours ouvert. Ainsi qu'à Madame...

Et sans plus attendre, il suit les traces de la jeune morte...

Pierre et Eve ont remercié de la tête, silencieusement. Ils restent un long moment ainsi, côte à côte, sans parler. Puis Pierre dit tout à coup, avec une très grande douceur:

[76] je prends part (à votre chagrin), *I sympathize with you; I share your sorrow.*

—Je vous ai aimée, Eve...

— Non, Pierre. Je ne le crois pas.

—Je vous ai aimée de toute mon âme, assure-t-il.

—Après tout, c'est possible. Mais qu'est-ce que ça peut
5 faire à présent?

Elle se lève.

Pierre l'imite en murmurant:

—Oui. Qu'est-ce que ça peut faire?...

Ils demeurent un instant debout, l'un devant l'autre, gênés
10 et leurs voix sont d'une indifférence triste et polie.

—Vous viendrez à ce club? interroge Pierre.

— Peut-être.

— Alors, à bientôt...

Ils se serrent la main et se séparent.
15 Mais ils n'ont pas fait trois pas qu'un couple de jeunes gens
arrive en courant et se précipite sur eux.

Pierre reconnaît la jeune noyée qu'il avait vue faisant la
queue, dans l'impasse Laguénésie.

Très émue, c'est elle qui questionne:
20 —Monsieur, vous êtes mort?

Pierre acquiesce de la tête.

Alors, elle poursuit:

—Nous venons de nous apercevoir que **nous étions** faits
l'un pour l'autre...
25 —Et nous ne nous sommes pas rencontrés sur terre, ajoute
le jeune homme. On nous a parlé de l'article 140. Est-ce que
vous êtes au courant?

Pierre, après avoir adressé un sourire de connivence à Eve,
répond simplement:
30 —On vous renseignera rue Laguénésie...

La jeune fille a surpris le regard de Pierre.

Elle se tourne vers Eve:

—Nous la cherchons partout. Où se trouve-t-elle?

Avec un sourire, Eve indique la laiterie dévastée:

— Allez danser ensemble. Et si vous ne vous êtes pas trompés, tout d'un coup, elle sera là...

Les jeunes gens la regardent un peu étonnés mais ils ont tellement envie de la croire...

Ils murmurent:

— Merci, madame.

Puis, se tenant par la main, vaguement inquiets, ils s'éloignent. Pourtant, au bout de quelques pas, ils se retournent pour demander timidement:

— Vous avez l'air drôle. C'est vrai, au moins? Il ne va rien nous arriver de mal?

— On peut essayer de recommencer sa vie? insiste le jeune homme.

Pierre et Eve se regardent, hésitants.

Ils sourient gentiment aux jeunes gens.

— Essayez, conseille Pierre.

— Essayez tout de même, murmure Eve.

Rassurés, les deux jeunes gens se mettent à courir en direction de la laiterie.

Alors, Pierre se tourne vers Eve et, avec une grande tendresse, lui fait un signe d'adieu de la main. Très émue, Eve lui répond par un geste semblable.

Lentement, leurs bras retombent, ils se détournent, et ils s'en vont, chacun de son côté.

Et là-bas, sur la piste désolée, les deux jeunes gens s'enlacent et commencent à danser pour essayer de revivre...

QUESTIONNAIRE

pp. 1-2

1. Comment savez-vous dès la première page qu'Eve Charlier est mariée?
2. Comment est-il indiqué qu'elle est malade?
3. Relevez dans ce premier chapitre quelques renseignements sur l'état de fortune des Charlier.
4. Quelles semblent être les relations entre le mari et sa femme?
5. Pouvez-vous deviner ce que verse André dans le verre qui est sur la table de chevet?
6. Quel bruit entend-on dans la rue depuis le matin?

pp. 2-5

1. Relevez dans ce chapitre toutes les indications qui vous permettent de faire un portrait moral de Lucette. (Comment savez-vous qu'elle aime beaucoup sa sœur? qu'elle est encore très enfantine de caractère?)
2. Trouvez au moins trois endroits dans ce chapitre où André ne fait que jouer la comédie.
3. Quel semble être le jeu d'André avec sa jeune belle-sœur?

pp. 5-6

1. Donnez quelques détails sur l'uniforme des miliciens.
2. Décrivez l'un après l'autre les quatre petits incidents qui indiquent l'hostilité des gens de la rue envers la milice.
3. Pourquoi les deux jeunes gens qui regardent passer la troupe ont-ils la main droite dans la poche de leur veston?

pp. 6-8

1. Décrivez les cinq hommes rassemblés dans la chambre des conspirateurs.
2. Comment Pierre Dumaine montre-t-il qu'il est parfaitement calme?
3. Complétez la phrase qu'il laisse inachevée.

4. Qui semble être le chef des conspirateurs?
5. Quel jour et à quelle heure l'insurrection devra-t-elle avoir lieu?

p. 8

1. Comment sait-on qu'Eve souffre atrocement?
2. Quel geste d'Eve nous fait frissonner?

pp. 9-11

1. Que fait Pierre tout au début pour montrer son mépris du jeune homme?
2. Qu'est-ce qu'un mouchard?
3. Comment Pierre insulte-t-il Lucien vers la fin de la scène?
4. Pourquoi Lucien avait-il divulgué des secrets du parti?
5. Comment Lucien justifie-t-il son méfait?
6. Décrivez Lucien.

pp. 11-12

1. Comment sait-on qu'Eve continue à souffrir terriblement?
2. Quel tableau se présente à Eve lorsqu'elle ouvre la porte du salon?
3. Pourquoi demande-t-elle à Lucette de rester au salon?
4. Que dit-elle à André à propos de Lucette?
5. Pourquoi est-on frappé d'horreur lorsqu'Eve dit que les attentions d'André pour sa sœur ont commencé depuis sa maladie?
6. Pourquoi André avait-il épousé Eve?
7. De quelle façon André se montre-t-il indifférent à la souffrance d'Eve?
8. Pourquoi le visage d'André exprime-t-il une espèce de détente lorsque la table de chevet lui est démasquée?
9. Quelle émotion ressent-on lorsqu'Eve dit qu'elle guérira et qu'elle emmènera sa sœur loin d'ici?

pp. 12-14

1. Comment sait-on que Lucien a l'intention de tuer Pierre?
2. Décrivez la mort d'Eve.
3. Décrivez la mort de Pierre.

pp. 14-16

1. Qui découvre que Pierre est mort?
2. Pourquoi les ouvriers sont-ils à ce moment remplis d'une grande colère contre les miliciens?
3. Comment expriment-ils leur mépris aux miliciens?
4. Lorsque Pierre se redresse au-dessus de son propre corps, comment sait-il que les autres ne le voient pas?

pp. 16-18

1. Décrivez comment Eve ressuscite.
2. Avec quelle expression regarde-t-elle sa sœur?
3. Comment Eve sait-elle que Rose ne la voit pas?
4. Quelle preuve y a-t-il ensuite qu'elle n'est pas comme les vivants?
5. Quel mot Eve entend-elle répéter par une personne invisible?

pp. 18-20

1. Comment la démarche de Pierre diffère-t-elle de celle des vivants?
2. Quelle est la première indication dans ce chapitre que Pierre n'est qu'une ombre?
3. la deuxième indication?
4. la troisième?
5. Comment Eve s'aperçoit-elle de nouveau qu'elle est invisible?

pp. 20-22

1. Comment finit l'incident entre Pierre et le vieux monsieur?
2. Qu'est-ce qu'il y a de bizarre à propos de l'ombre de l'autobus?
3. Décrivez l'étrange impasse qui surgit brusquement devant Pierre.
4. La petite rue est-elle absolument déserte?
5. Que dit Eve à la jeune maman?
6. Suivez Eve jusqu'à la rue Laguénésie.

pp. 22-23

1. Décrivez quelques-unes des personnes qui sont groupées dans la rue Laguénésie.
2. Quelle action d'Eve cause une explosion de cris parmi le groupe?
3. Qu'est-ce qui fait plaisir à Eve dans tout ceci et pourquoi?

4. Pourquoi les gens avancent-ils d'un pas de temps en temps?
5. Qui est à côté de Pierre et qu'est-ce qu'il y a chez cette personne qui agace Pierre?
6. Quels objets distingue-t-on dans la boutique?

pp. 24-27

1. Que voit-on dans l'arrière-boutique?
2. Décrivez la grosse dame qui est assise devant l'énorme registre.
3. Quels renseignements cette dame a-t-elle sur Pierre, renseignements qui le surprennent fort?
4. Quelle nouvelle est réellement stupéfiante pour Pierre et comment la reçoit-il?
5. Quel rôle le chat joue-t-il dans toute cette affaire?
6. Pouvez-vous deviner pourquoi la vieille dame est sceptique lorsque Pierre parle "d'avoir fait ce qu'on avait à faire"?
7. Quelle petite formalité d'état civil Pierre avail-il apparemment à remplir dans l'arrière-boutique de la rue Laguénésie?
8. Où faut-il qu'il aille maintenant?

pp. 27-30

1. Décrivez les morts et les vivants dans la large artère qui avoisine l'impasse Laguénésie.
2. Quelles sortes de personnes forment le groupe que Pierre voit devant lui?
3. Qui souhaite la bienvenue à Pierre?
4. Quels genres de choses pourrait-il avoir à faire maintenant qu'il est mort?
5. Comment les vieux morts aident-ils les nouveaux?
6. Pourquoi semble-t-il à Pierre qu'il y a beaucoup de monde dans la rue?
7. Comment distingue-t-on les morts des vivants?
8. Pourquoi Pierre se trompe-t-il sur une certaine femme qu'il pense être une morte?
9. Décrivez le rejeton d'une noble famille et son ascendance mâle qui apparaissent devant Pierre et le vieillard.
10. Pourquoi ses ancêtres suivent-ils ce petit homme à l'air idiot?
11. Pourquoi le vieillard passe-t-il sans broncher juste devant le capot d'une voiture?

pp. 31-32

1. Que vient de dire la vieille dame à Eve juste avant le commencement de cette scène?
2. Est-il possible que la dame se trompe?
3. Quelle explication donne-t-elle à Eve pour l'action d'André Charlier?
4. Racontez ce qui, dans la fin de cette scène, correspond de point en point à la fin de l'entrevue entre Pierre et la vieille dame.

pp. 32-35

1. Décrivez le nommé Alcide, hercule de fête foraine.
2. Qu'est-ce qu'on attend pour commencer "la performance"?
3. Comment le bonimenteur essaye-t-il de stimuler la générosité de la foule?
4. Qui va voler la petite fille qui s'est attardée à regarder le camelot?
5. Qu'a-t-elle dans son sac et qu'est-ce qu'on l'a envoyée faire?
6. Pourquoi Eve n'arrive-t-elle pas à avertir la petite du danger qu'elle encourt?
7. Comment Pierre réagit-il à la demande d'Eve d'arrêter le voleur?
8. Que comprend-elle enfin?
9. Décrivez ce qui se passe chez la petite lorsqu'elle constate que le sac a disparu.
10. Répétez le reste de la conversation entre Pierre et Eve.

p. 36

1. Qui défend la porte du palais du régent?
2. Quel désir Pierre a-t-il depuis des années?
3. Que dit-il en se penchant sous le nez des deux miliciens?

pp. 37-46

1. Décrivez le passage de Pierre et du vieillard à travers la vaste galerie du palais.
2. Faites une description de l'immense chambre du régent.
3. Comment est le régent et comment est-il vêtu?
4. Parlez des morts qui entourent le régent. Sont-ils de ses amis?
5. Quels gestes le régent fait-il devant le miroir?
6. Comment Pierre réagit-il à tout cela?

7. Que fait le régent avec sa tunique?

8. Où jette-t-il sa cigarette et qui est indigné par ce geste?

9. Pourquoi Pierre dit-il que le régent n'en a plus pour longtemps?

10. Depuis quand la jeune femme suit-elle le régent pas à pas?

11. Qui est sceptique au sujet du résultat de l'insurrection?

12. Parlez de la désillusion du milicien mort.

13. En quels mots décrit-il le régent?

14. Comment la jeune femme a-t-elle aidé le régent et comment a-t-elle été récompensée de ses services?

15. Pourquoi Pierre pense-t-il qu'il n'a pas raté sa vie?

16. Comment parle le chef de police à Lucien Derjeu apparemment?

17. Que vient annoncer le chef de police au régent? *Il vient d'annonce que pierre est mort*

18. Pourquoi le régent avait-il voulu que l'insurrection se fasse?

19. Quel effet tout cela a-t-il sur Pierre?

20. Relevez dans ce chapitre des indications permettant de conclure que le régent est un grossier personnage.

pp. 46-49

1. Dans quel immeuble le jeune ouvrier entre-t-il?

2. Quelles nouvelles est-il venu apporter aux conspirateurs?

3. Lorsque ceux-ci apprennent qu'on a "butté" Pierre Dumaine, que décident-ils à propos de l'insurrection?

4. Pourquoi la porte ne bouge-t-elle pas lorsque Pierre essaye de l'ouvrir?

5. Quel inutile effort Pierre fait-il pour se faire entendre par ses camarades, et pourquoi est-il au désespoir à leur sujet?

pp. 49-53

1. Racontez la scène entre André et Lucette.

2. Qui la suit d'un regard dur et inquiet?

3. Décrivez le père d'Eve et racontez la conversation entre lui et Eve.

4. Pourquoi le père d'Eve est-il indifférent à ce qu'il voit, si pénible que ce soit?

5. Que fait-il pourtant lorsqu'il est enfin gagné par la colère?

6. Quelle preuve le père donne-t-il juste avant son départ qu'il est incurablement léger, le type achevé du clubman? Expliquez ce que c'est que son rendez-vous.

7. Tout comme Pierre avec les insurgés, Eve fait un vain effort pour se faire entendre par sa sœur. Parlez de cela.

pp. 53-54

1. Pourquoi la toute jeune fille en pull-over vient-elle à la boutique de la rue Laguénésie?
2. Au moment où la vieille dame pense que le travail est fini pour aujourd'hui, que lui reste-t-il à faire?

pp. 55-59

1. Savez-vous pourquoi Pierre croit que c'est "une belle saloperie" d'être mort?
2. En revanche, quelles compensations le vieillard y trouve-t-il?
3. Quelle "distraction de choix" se présente devant lui à ce moment même et comment y réagit-il?
4. Pourquoi Pierre envie-t-il le sort du mendiant aveugle?
5. Quelle question Pierre pose-t-il au vieillard que celui-ci laisse sans réponse?
6. Décrivez la scène où Pierre est assis à côté du clochard, et où Eve le rejoint, s'asseyant de l'autre côté.
7. Pourquoi Pierre et Eve voudraient-ils retourner un moment sur la terre, rien qu'un petit moment?
8. Pourquoi le mendiant se gratte-t-il avec violence?
9. Quel compliment Pierre fait-il à Eve?
10. Savez-vous ce qu'aurait fait Pierre s'il avait rencontré Eve auparavant et pourquoi il n'achève pas sa pensée devant elle?
11. Parlez de l'incident où l'ouvrier croise la jeune femme élégante qui descend d'une voiture. Trouvez-vous ici la réponse à la question précédente?

pp. 59-66

1. Décrivez la laiterie où la jeune femme de la voiture et une amazone viennent rejoindre leurs amis.
2. Pierre aime-t-il le costume de l'amazone?
3. Racontez la conversation entre les deux cavaliers et Madeleine.
4. A quoi Pierre doit-il travailler sérieusement?

5. Quelles ressemblances y a-t-il entre Pierre et Eve et le jeune couple qui s'assied à leur table?
6. Pourquoi Pierre hésite-t-il à danser avec Eve?
7. Comment se fait-il qu'ils dansent chacun tout seul?
8. Que donnerait Eve pour revivre un instant et danser avec Pierre?
9. Tout en dansant, où se trouvent-ils finalement?
10. Qui les attend tous les deux?

pp. 66-69

1. Que contient au juste le fameux article 140?
2. A quelle question faut-il que Pierre et Eve répondent?
3. Si Pierre et Eve étaient authentiquement destinés l'un à l'autre, comment se fait-il qu'ils ne se sont pas rencontrés lorsqu'ils étaient encore vivants?
4. A quelles conditions doivent-ils satisfaire pour avoir droit à une seconde existence humaine?
5. S'ils ne remplissent pas ces conditions, qu'est-ce qui leur arrivera?
6. A quelle heure précise finira la période d'épreuve?
7. Que fait la vieille dame pour eux avant de les congédier?
8. Pourquoi les vivants ne les prendront-ils pas pour des fantômes quand ils rentreront dans le monde?

pp. 70-72

1. Quels sont les deux morts qui se trouvent sur le chemin de Pierre et Eve lorsqu'ils sortent de chez la vieille dame?
2. Racontez la conversation avec le vieillard.
3. Quel service l'ouvrier demande-t-il timidement à Pierre et Eve?
4. Comment finit cette scène?

pp. 72-74

1. Comment savez-vous que l'auteur nous ramène au moment même où Pierre a été tué?
2. A quel commandement du chef de la police les ouvriers refusent-ils d'obéir? De quelle manière font-ils face aux miliciens?
3. Qui leur ordonne d'obéir?
4. Quel effet la résurrection d'Eve a-t-elle sur André?

pp. 74-76

1. D'où vient le malaise que ressentent tous ceux qui entourent Pierre?
2. Complétez la phrase inachevée de Paulo: "Mon vieux, j'aurais juré . . ."
3. A quoi pense Paulo lorsqu'il dit que les miliciens "crâneront moins demain" et pourquoi Pierre répond-il "Demain? rien du tout"?
4. Pourquoi Pierre ressent-il de la satisfaction lorsqu'il voit que la brique a un poids effectif? Quelle expérience tente-t-il avec la brique?
5. Pour quelle heure est le rendez-vous des conspirateurs?
6. Qui suit les traces de Pierre?

pp. 76-79

1. Quelle contraste y a-t-il entre la réaction de Lucette et celle d'André à la résurrection d'Eve?
2. Quel prétexte André trouve-t-il pour sortir de la chambre?
3. Que représente pour Eve l'épreuve du miroir? Y a-t-il similitude avec l'expérience de Pierre et de sa brique?
4. Comment Eve veut-elle prouver à sa sœur que son mari l'a trompée?
5. Quelle est la réaction de Lucette à cette accusation?
6. Quelle explication Eve s'apprête-t-elle à fournir vers la fin du chapitre après ce début: "Sais-tu ce qu'il a fait?"
7. A quoi aboutissent ces premières tentatives d'Eve pour sauver sa sœur?

pp. 79-80

1. Pouvez-vous deviner l'effet qu'aura sur la suite de l'intrigue le fait que deux officers miliciens sortent de la maison des Charlier au moment où Pierre y entre et que Paulo les voit tous les trois?
2. A qui Pierre s'adresse-t-il pour savoir à quel étage habitent les Charlier?
3. Quel ordre le concièrge lui donne-t-il brutalement?

pp. 80-86

1. Comment Eve est-elle habillée? Pourquoi est-elle nerveuse?
2. Pourquoi la bonne a-t-elle laissé Pierre à la cuisine?
3. Quelle différence y a-t-il entre la gêne de Pierre et celle d'Eve? Pouvez-vous expliquer pourquoi?
4. Racontez la scène de leur rencontre.
5. Lorsqu'elle fait irruption dans la pièce, comment Lucette réagit-elle à ce qu'elle voit?
6. Racontez la suite de ce qui se passe entre Pierre et Eve. Dites bien la cause du malaise de Pierre et comment il montre son malaise.
7. Mentionnez tous les objets de luxe dans la chambre.
8. En quoi Pierre montre-t-il un manque de confiance vis-à-vis Eve? Quelles sont les raisons qui, selon lui, amènent Eve à retarder son départ?
9. Relevez dans ce qui suit —
   a. les endroits précis où André insulte Pierre.
   b. les endroits où Lucette se met du côté de son beau-frère et en opposition à sa sœur.
10. Qui sort vainqueur de la lutte entre les deux hommes? Expliquez.

pp. 87-88

1. Qui voit Pierre et Eve sortir de la maison? Pourquoi ce fait a-t-il de l'importance?
2. Racontez la tendre scène entre Pierre et Eve.
3. Quels renseignements Eve donne-t-elle à Pierre sur son mariage?
4. D'après Eve, qu'est-ce qu'il faut entre eux deux? A ce propos, rappelez-vous les conditions de l'article 140.

pp. 89-100

1. Dans quel endroit Pierre et Eve se trouvent-ils au début de ce chapitre?
2. Quelle chanson jouait l'aveugle lors de la première rencontre?
3. Maintenant qu'il joue de nouveau le même air et que tout est pareil à la première fois, que dit Pierre et que dit Eve?

4. Quelle autre scène de leur vie d'ombres se répète? avec quel changement?

5. Avec l'air de la flute faisant place à la musique de danse de la laiterie, voici la troisième scène qui se répète. Décrivez-la.

6. Savez-vous pourquoi Eve hésite lorsque Pierre propose qu'ils s'asseyent à la laiterie?

7. Quelle conversation se répète chez les snobs?

8. Pourquoi les jeunes amoureux ne reconnaissent-ils pas Eve et Pierre quand ceux-ci les saluent?

9. Que commandent Eve et Pierre à boire et pourquoi Pierre est-il mal à son aise?

10. Racontez la scène où les amoureux se prennent la main et où Pierre et Eve les imitent.

11. Comment les snobs réagissent-ils à cette scène entre Pierre et Eve?

12. Comment Eve fait-elle comprendre que les snobs ne l'intimident pas?

13. Comment leur montre-t-elle qu'elle est fière de Pierre?

14. Regardez de nouveau les pages où Pierre et Eve dansaient alors qu'ils étaient des fantômes (pp. 64-65) et comparez cette scène-là avec celle-ci.

15. Que font les snobs pour se moquer des danseurs?

16. Que fait Pierre au snob qui avait changé le disque?

17. Qui intervient en faveur du cavalier? Racontez la scène entre le milicien et Pierre.

18. Que fait alors Eve, et avec quels résultats?

19. Pourquoi Pierre s'éloigne-t-il brusquement sans rien dire à Eve?

20. Avant de se lancer à sa poursuite, que dit Eve aux snobs pétrifiés à propos de sa vie privée?

21. Pourquoi Pierre dit-il que leur amour est un amour impossible?

22. Eve dit à Pierre: "Ayez confiance en moi. Nous n'avons pas le temps de douter l'un de l'autre." Commentez ces phrases.

23. Pourquoi Eve pousse-t-elle un petit cri lorsqu'une feuille morte tombe entre eux?

24. Quelle promesse avaient-ils faite à l'un des fantômes?

25. Lorsqu'Eve dit, "Aidez-moi, Pierre. Au moins, nous ne serons pas revenus pour rien," avez-vous comme un pressentiment que l'expérience de Pierre et Eve va échouer?

pp. 100-103

1. Quels indices y a-t-il que la rue de la zone est dans un quartier très pauvre?
2. De quoi Eve a-t-elle honte?
3. Faites une liste de tous les adjectifs employés pour décrire cet endroit sordide.
4. Décrivez l'escalier de la maison de la rue Stanislas, et le vieillard qu'on y croise.
5. Décrivez la fillette qui est assise sur la dernière marche de l'escalier.
6. Pourquoi dit-elle qu'il ne faut pas entrer chez sa maman?
7. Quelle voix répond enfin lorsque Pierre frappe à la porte?

pp. 103-105

1. Décrivez la chambre de la rue Stanislas. D'après la déscription, combien de pièces contient l'appartement?
2. Pourquoi la femme consent-elle à ce qu'on emmène la petite?
3. Qu'est-ce qui servira de pièce à conviction si Mme Astruc et "l'oncle Georges" portent plainte à la police?

pp. 106-107

1. Comment sait-on que Marie sera bien soignée et aimée dans sa nouvelle maison?
2. Racontez l'incident de la serviette éponge.
3. Encore un mot d'Eve nous laisse entrevoir le dénouement. Expliquez.
4. Quel geste d'Eve inquiète et étonne le chauffeur de taxi?

pp. 107-111

1. Pierre insiste afin qu'Eve monte seule chez lui. Pour quelle double raison?
2. Comment est la chambre de Pierre?
3. Quel portrait Eve voit-elle sur une commode et qu'est-ce qu'il y a à côté du portrait?
4. Où s'en va Pierre lorsqu'il quitte Eve?

pp. 111-115

1. Qu'est-ce que Pierre annonce à ses camarades aussitôt arrivé dans la chambre des conspirateurs?
2. Comment l'un après l'autre accueillent-ils cette nouvelle?
3. Quelle raison Pierre donne-t-il pour remettre l'insurrection? D'après lui qu'est-ce qui leur arrivera s'ils la font demain?
4. Par les questions que lui pose Dixonne, savez-vous de quoi ils soupçonnent Pierre?
5. Enumérez l'une après l'autre toutes les activités de Pierre de cette journée, activités qui le rendent très suspect à ses camarades.
6. Pourquoi ne peut-il pas s'expliquer devant eux?
7. S'ils ne le considèrent plus comme leur chef, qui le remplace?
8. Expliquez la question de Pierre: "Moi, j'aurais donné la Ligue?"
9. Comment tous ses camarades montrent-ils leur mépris pour Pierre?

pp. 115-121

1. Quelles transformations Eve a-t-elle opérées dans la chambre de Pierre?
2. Pourquoi tout cela déplaît-il à Pierre?
3. Quelle est pourtant la plus grande raison pour sa mauvaise humeur?
4. Pourquoi Paulo est-il venu chez Pierre?
5. Pierre va-t-il suivre le conseil de Paulo?
6. Pourquoi Eve dit-elle qu'ils ont raté leur coup? Si cela est vrai, que va-t-il leur arriver?
7. Que font Pierre et Eve au moment où ils entendent approcher les camarades?
8. Pouvez-vous deviner pourquoi les camarades sont partis?
9. Quelle est l'unique chance qui reste à Pierre et Eve pour réussir leur coup?

pp. 121-125

1. Pourquoi les camarades ne sont-ils pas revenus? En d'autres mots pourquoi Pierre et Eve ont-ils encore une chance de revivre leur vie?
2. Combien de temps d'épreuve reste-t-il encore?

3. Qu'est-ce qui interrompt le colloque entre les deux amoureux?
4. Quel bruit domine la voix de Pierre? Combien de miliciens sont-ils?
5. De quoi Eve implore-t-elle Pierre?
6. Que jure-t-il de faire?
7. Où Eve va-t-elle aller pendant l'absence de Pierre?

pp. 125-128

1. Qui suit les traces de Pierre à distance?
2. Qu'est-ce qui arrive quand Eve passe devant la glace du couloir?
3. Décrivez la scène intime entre André et Lucette.
4. Décrivez l'incident du revolver, en parlant de la réaction d'André et de Lucette.
5. Dites ce qu'Eve déclare à André.
6. De quelle façon Eve commence-t-elle le récit de la vie d'André? Pourquoi est-il inutile que Sartre la laisse poursuivre son histoire jusqu'au bout?

pp. 128-132

1. Décrivez la scène des conspirateurs: nombre de conspirateurs, où se placent les deux chefs, dernières instructions, heure où se déclanchera l'insurrection, question posée par les camarades.
2. Décrivez pas à pas comment Pierre parvient à entrer dans le hangar. Pour cela notez les expressions que voici:

porte fermée à l'intérieur | se hisser
contourner | un rétablissement
barrière d'un jardinet | enjamber la lucarne
lucarne à quelques mètres | moulure supérieure de la fenêtre
du sol | sauter à pieds joints

3. Qui guette tous les mouvements de Pierre?
4. Répondez aux questions posées par Pierre vers la fin du chapitre.
5. Que commence-t-il à raconter lorsque la scène se termine?
6. A qui Lucien Derjeu téléphone-t-il et quels renseignements donne-t-il apparemment à celui qui l'écoute?

pp. 132-135

1. Comment Pierre termine-t-il le récit qu'il avait commencé dans une scène précédente?

2. Comment répond-il à la question sur la femme de Charlier? Est-il exact que ce soit elle qui l'a renseigné?
3. Quels faits fournis par Pierre sont sur le point de convaincre les camarades?
4. Dites comment les uns après les autres se rangent du côté de leur ancien chef.
5. Qu'est-ce qui interrompt Pierre lorsqu'il se met à donner des conseils?
6. Quelle nouvelle Langlois reçoit-il par téléphone?
7. Pourquoi cela nous intéresse-t-il de savoir qu'il est 10 h. 25 lorsque Pierre doit faire la décision de rester ou de ne pas rester?
8. Qui l'épie quand il s'enferme dans la cabine téléphonique?

pp. 135-138

1. A quelle scène celle-ci fait-elle suite?
2. Quelle chose Eve veut-elle que sa jeune sœur fasse?
3. Qu'est-ce qui les interrompt?
4. Quelle chose importante Eve dit-elle à Pierre de se rappeler?
5. Quelle heure est marquée par l'horloge électrique au moment où Pierre insiste sur son devoir envers les copains?
6. Pourquoi Lucien Derjeu tue-t-il Pierre une seconde fois? Par les derniers mots de Pierre voit-on le conflit de désirs qui a été constamment présent chez lui?
7. Qu'est-ce qui cause la mort d'Eve?

pp. 139-140

1. Qu'est-ce qui arrive lorsqu'un homme ouvre la porte de la cabine téléphonique?
2. Décrivez la bagarre entre les miliciens et les insurgés.
3. Décrivez la résurrection de Pierre.

pp. 140-143

1. Quelles traces de la bataille se voient à la laiterie?
2. Racontez la conversation entre Pierre et Eve.
3. Qu'est-ce qui indique qu'Eve est déjà gagnée par l'indifférence de la mort?

4. Quelles pertes les insurgés ont-ils souffertes?
5. Que dit Eve au vieillard du dix-huitième siècle quand il les interroge sur leur tentative de revivre?
6. Pourquoi est-il impatient de s'en aller?
7. Comment Pierre et Eve prennent-ils congé l'un de l'autre?
8. Qui les retient cependant?
9. Comment le jeune couple doit-il trouver la rue Laguénésie?
10. Avec quelle sorte d'émotion Eve et Pierre se quittent-ils?
11. Comment va se passer probablement la tentative du nouveau couple de refaire leurs jeux?
12. Au fond, pourquoi les jeux sont-ils faits pour Pierre et Eve?

VOCABULAIRE

This vocabulary does not, in general, include common prepositions, pronouns, and conjunctions, possessive and demonstrative adjectives, irregular verb forms, nor words whose resemblance in the two languages is close enough to make their meaning clear, except in cases where it is useful to indicate gender of nouns or endings of verbs.

The following abbreviations are used:

abbrev.	abbreviation	*milit.*	military
adj.	adjective	*neolog.*	neologism
adv.	adverb	*part.*	participle
colloq.	colloquial	*pl.*	plural
compar.	comparative	*pop.*	popular
f.	feminine	*prep.*	preposition
fam.	familiar	*pres.*	present
fol.	followed	*qch.*	quelque chose
ft.	feet	*qn.*	quelqu'un
inf.	infinitive	*s. o.*	someone
inter.	interjection	*sth.*	something
m.	masculine	*trans.*	transitive

A

à to, with, in, by, against, from

abaisser: s'— to fall, be lowered

abandonné abandoned

abandonner to abandon, quit; s'— abandon oneself

abat-jour *m.* lamp shade

abîmé worn, damaged

abord: d'— at first, first

aboutir (à) to result in, end in

abri *m.* shelter; à l'— de under shelter of

abruti *m.* (*pop.*) idiot, fool

absent absent; wandering, absent-minded; l'air — *see* air

absolu *m.* the absolute

absolument absolutely, entirely, totally

absorbé absorbed, engrossed

absurde absurd, preposterous

accablé dejected, depressed, overwhelmed

accompagner to accompany

accord *m.* agreement; d'— agreed; être d'— to be in agreement, be agreed

accorder to grant, give, pay; s'— accord to each other

accouder: s'— to lean on (with) one's elbows

accourir to hasten, run up

accroché clinging

accroche-coeur *m.* love-lock

accrocher to hang, fasten; s'— à cling to, lay hold of

accroupi crouching

accroupir: s'— to crouch down

accueillir to greet, receive

acculer to drive (into a place from which there is no escape)

accuser to accuse; acknowledge

achevé perfect

achever to finish

à-coup *m.* jerk; par —s by fits and starts

acquiescement *m.* consent, acquiescence

acquiescer to acquiesce, agree

activité *f.* activity

adieu *m.* farewell

admettre to admit

admirer to admire

adopter to adopt

adossé leaning, leaning back; — à leaning against

adresse *f.* direction; à l'— de in the direction of, to, speaking to

adresser to direct; s'— à address, accost, speak to; be directed toward

adversaire *m.* adversary

affable affable, courteous

affaibli weakened

affaire *f.* business, job, affair; manquer son — to miss one's opportunity, fail; *pl.* business, affairs

affairé busy, bustling, hurried

affecté affected, assumed

affecter to feign; assume

affectueux, -euse affectionate

affectueusement affectionately

affirmatif, -ve affirmative, positive; (*adverbially*) with assurance

affirmer to assert, affirm

affût *m.* watch, lying in wait; à l'— on the watch

afin que in order that, that

agacé annoyed, irritated

agacement *m.* irritation

agacer to annoy

agacerie *f.* allurement, manners and words (*to attract attention*)

âge *m.* age; moyen — *see* moyen

âgé old, aged; — de trente-cinq ans thirty-five years old

agenouillé kneeling

agir to act; s'— de be a question of

agité agitated

agiter to stir; wave; s'— stir, move

agrandi widened

agrégation *f.* competitive examination in France (*required for teaching in a lycée*)

agripper to clutch; s'— à cling to

ahuri amazed, astounded, bewildered

ahurissement *m.* bewilderment

aider to help, assist

aigrelet, -te rather sharp

aigu sharp, keen

aiguille *f.* needle; hand (*of a clock*)

ailleurs elsewhere, somewhere else; d'— moreover

aimable amiable, agreeable, pleasant; kind

aimablement amiably, in an amiable manner

aimer to love; like; — mieux prefer; s'— love each other

aîné elder

ainsi thus; — que as well as

air *m.* air, manner; appearance; tune; l'— absent with an absent-minded air; l'— affecté with an affected manner; l'— en visite *see* visite; avoir l'— de to seem to; courant d'— *see* courant

aise *f.* ease, mal à son — ill at ease

ajouter to add; s'— add oneself

ajuster to adjust

alangui languid

alentours *m. pl.* neighborhood, environs

alerter to warn, give the alarm to

allée *f.* lane, walk; avenue; alley

aller to go, be all right; — bien be becoming; — même *see* même; allez well; allons! come!, come now!; allons bon! good!; ça pourrait — that could have worked; ça va all right, that's all right; ça va bien that's all right; ça va comme ça that's all right; s'en — go, go away

alliance *f.* wedding-ring

allo hello

allonger to stretch out

allumer to light

allure *f.* speed; manner, air; à toute — at full speed

alors then; so, therefore; well then

alors que when, while

alternativement alternately

amant *m.* lover

amazone *f.* horsewoman

âme *f.* soul

amener to bring, lead (hither); bring on, cultivate; s'— come along

amer, -ère bitter

amèrement bitterly

américain American; à l'—e American style

amertume *f.* bitterness

ami, -e *m. and f.* friend

amical friendly

amorcer to begin, initiate

amour *m.* love

amoureusement lovingly

amoureux, -euse in love, enamored

amoureux *m.* lover

amplifié amplified

amplifier: s'— to grow louder

amusant amusing

amusé amused

amuser to amuse; s'— amuse oneself, s'— de make fun of

an *m.* year; avoir huit —s *see* avoir

ancêtre *m.* ancestor

ancien, -ne former; old, antique

André Andrew

anéantir to annihilate

angle *m.* corner; porte d'— corner door

angoisse *f.* anguish, distress

angoissé full of anguish, distressed

animation *f.* animation, bustle, life

animé animated

animer: s'— to become animated

année *f.* year

annoncer to announce

anonyme anonymous

anormal abnormal

antagoniste antagonistic, hostile

anxieusement anxiously

anxieux, -euse anxious, uneasy

apaiser to calm, quiet

apercevoir to perceive; see; s'— (de) discover; be aware of, notice

apeuré frightened

apitoyé softened, full of pity

apparaître to appear

appareil *m.* instrument; telephone; — téléphonique telephone

apparemment apparently

apparence *f.* appearance

apparent apparent, obvious

appartement *m.* apartment

appartenance *f.* adjunct, a belonging

appartenir to belong

appel *m.* calling, call, appeal

appeler to call; s'— be called, be named; comment vous appelez-vous? what is your name?

appliqué studied

appréhension *f.* apprehension; fear

apprendre to learn; teach

apprenti *m.* apprentice

apprêter: s'— to prepare

approche *f.* approach

approcher to approach, come near, bring up (to); s'— (de) approach

approuver to approve

appuyé leaning, resting (on)

appuyer to lean; press, bear down; insist; s'— à (sur) (contre) lean against (on)

âprement harshly, sharply

après (*adv.*) afterwards; d'— according to

après (*prep.*) after; et —? what of it?

arbre *m.* tree

arc-bouter: s'— to set one's back (against a wall, a door)

argent *m.* money

arme *f.* arm, weapon, gun

armé armed, equipped

armée *f.* army

arracher to pull away, draw; force; s'— à tear oneself away from

arranger to arrange; suit

arrestation *f.* arrest

arrêt *m.* stop; (bus) stop; temps d'— pause

arrêter to stop; arrest; make stop; conclude, agree upon; s'— (de) stop

arrière (*adj.*) back

arrière *m.* rear; en — backwards; en —! back!; rejeter en — see rejeter; retourner en — see retourner; se renverser en — see renverser

arrière-boutique *f.* back shop

arrivant *m.* newcomer

arrivé, -e *m. and f.* person who has arrived

arrivée *f.* arrival

arriver to arrive; come; happen; — à (*fol. by inf.*) succeed in

artère *f.* artery, thoroughfare

article *m.* article; paragraph

articuler to articulate, utter distinctly

ascendance *f.* ancestry, ancestors

ascendant *m.* ancestor

assassin *m.* assassin, murderer

asseoir: s'— to sit down

assez rather, enough

assiette *f.* plate, dish; state of mind; être dans son — to be one's usual self, be up to the mark

assis seated

assister (à) to be present at, witness

assombrir: s'— to grow dark, become gloomy

assommer to overpower, beat down

assourdir: s'— to be muffled

assurance *f.* confidence, assurance

assurer to assure, assert; s'— make sure

atroce atrocious

atrocement cruelly

attaché tied, fastened, attached

attacher to tie, fasten, hitch; s'— à be interested in

attaquer to attack; s'— attack, tackle, fall to (*as of a meal*)

attarder: s'— to linger

atteindre to reach

attendre to wait, wait for; await; — que wait until; s'— à expect

attendri touched, moved

attendrir: s'— to become tender

attendrissant moving, heart-stirring

attente *f.* waiting; expectation; file d'— waiting line

attentif, -ive attentive; considerate

attention *f.* attention, notice; —! look out!; faire — *see* faire

attentivement attentively, carefully

attirer to draw, attract

attraper to catch; seize

attristé sad

attrister: s'— to become sad

aucun any; ne . . . — not any, no, none

au-dessus above; — de above

au-devant to the meeting; venir — de to meet

augmenter to increase

aujourd'hui today

auprès de close to, close by, near; to

aussi also, too; as, just as much

aussitôt immediately, as soon as; tout — *see* tout

autant as much; en dire — to say as much; pour — que as far as

authentiquement authentically

autobus *m.* bus

automatique automatic

autorisation *f.* authorization, permission

autoritaire authoritative; dictatorial

autour de around

autre other; d'—s other, others, d'—s encore *see* encore; l'un de l'— *see* un; l'un et l'— *see* un; les uns après les —s *see* un; n'être — que to be none other than; un — encore *see* encore

autrefois formerly; d'— of former times

avaler to swallow

avancé advanced; être bien — to be in a pretty predicament

avancer to advance, put out, stretch out; s'— advance, move forward

avant before; — de before (*fol. by inf.*); en — forward; roue — *see* roue

avant que before

avantager to favor, flatter

avantageux, -euse advantageous; becoming, flattering

avant-bras *m.* forearm

avec with

avertir to warn, inform

aveugle blind

aveugle *m.* blind person

avidement avidly, eagerly

avis *m.* opinion

avoir to have — huit ans be eight years old; — l'air de *see* air; — tort *see* tort; il y a there is, there are; ago; il y a des années que for years; il y a trois ans qu'on travaille we have been working three years; il n'y a plus que one has only; il n'en a plus pour longtemps he isn't in power for (won't last) much

longer; il nous a eus (*fam.*) he got us; qu'avez-vous? what is wrong with you?; qu'est-ce qu'il y a? what is the matter?, what is going on?

avoisiner to be situated near

avouer to confess

B

badaud *m.* idler; gaper

bâfrer (*fam.*) to stuff, gormandize

bagarre *f.* squabble; free-for-all fight

bah! nonsense!

bain *m.* bath

baiser *m.* kiss

baiser to kiss; à — to be kissed

baissé lowered

baisser to lower; se — stoop down

bal *m.* ball, dance

balbutier to stammer, mumble

baldaquin *m.* canopy; à — with a canopy

balle *f.* bullet

ballotter to toss about

banc *m.* bench

banlieue *f.* suburbs, outskirts; route de — suburban road

barbe *f.* beard; plat à — *see* plat

barbiche *f.* goatee

barbu bearded

barre *f.* bar

barrer to bar, block; cross

barrière *f.* rail, bar; fence

bas, -se low; à voix basse *see* voix; tête basse with lowered head

bas (*adv.*) down, low; à —! down with

bassement despicably, vilely

bataille *f.* battle

bâtisse *f.* building

battant *m.* leaf; half, wing (*of a door, window*); porte à deux —s double door, swinging door

battre to beat; se — fight

baudrier *m.* shoulder-belt

bavard talkative, loquacious

bavarder to chat, gossip

beau, bel, belle, *pl.* beaux, belles beautiful, handsome, fine; ça n'est pas — that's not good; de plus belle more than ever; l'échapper belle *see* échapper

beaucoup much, very much, many

beau-frère *m.* brother-in-law

bébé *m.* baby

bellâtre *m.* fop, coxcomb

belle-soeur *f.* sister-in-law

ben *colloq. for* bien

bercer to rock

besoin *m.* need; avoir — de to need

bête stupid, silly

bêtement stupidly

bêtifiant stupid

bêtise *f.* stupid thing, blunder

bévue *f.* blunder, mistake

bibelot *m.* knickknack; — de prix object of art

bicyclette *f.* bicycle; à — on a bicycle; roue de — *see* roue

bien *m.* good; en moins — not so good looking

bien well, very well; indeed, fine; very, very much; — sûr (que) of course; c'est très — it's fine;

eh — well; ou — encore *see* ou

bien que although

bientôt soon; à — goodbye for the present

bienvenu *m.* welcome person; être le — to be welcome

bienvenue *f.* welcome; souhaiter la — à to welcome

bigarré motley

bijou, -x *m.* jewel

billet *m.* bill, bank note; — de mille *see* mille

bistrot *m.* (*pop.*) pub, cheap café

blanc, -he white; gray (*of hair*)

blanc *m.* white; tirer à — *see* tirer

blasé indifferent, *blasé*

blême pale, ghastly

blêmir to turn pale

blessé hurt, offended

blessé *m.* wounded (person)

bloc *m.* lump, mass; gonflé à — *see* gonfler; se lever d'un — to get up in a piece (suddenly)

blottir: se — to snuggle

boire to drink

bois *m.* woods; Bois de Boulogne *wooded park in northwest part of Paris*

boîte *f.* box; — à lait milk-can; — de conserve tin can

bon (*inter.*) good!, right!

bon, -ne good; — marché *see* marché; à la bonne heure! *see* heure; c'est — all right; pour de — for good, really

bondé crammed, chock-full

bondir to spring forward

bonheur *m.* happiness; good luck

bonhomme *m.* old codger, old man

bonimenteur *m.* (*neolog.*) quack, clap-trap talker

bonjour *m.* good-day, greetings

bonne *f.* maid

bonsoir *m.* good evening

bord *m.* edge, border; au — de on the edge of; au — de la mer along the seashore

bordé (de) lined (with); veston — coat edged with braid

bordure *f.* edge; en — de at the edge of

borne *f.* boundary post, corner post

botte *f.* boot

bouche *f.* mouth

boucler to buckle; (*pop*) imprison

bouger to move, budge, stir

bouleversé agitated, overwhelmed, completely upset

boulot *m.* (*pop.*) work

bourru cross, crabbed

bousculer: se — to jostle each other

bout *m.* end; à — de forces exhausted; au — de at the end of, after

bouteille *f.* bottle

boutique *f.* shop

boutonner to button

boutonnière *f.* buttonhole

branche *f.* branch, bough

brandebourg *m.* braid; à —s ornamented with frogs and loops

branler to shake; qui branle la tête whose head shakes

braquer to point

bras *m.* arm; en — de chemise *see* chemise; entourer de ses — *see* entourer

bravache braggadocio; blustering

bravement bravely; stoutly

bredouiller to stammer

bref, brève brief

bretelle *f.* strap

bridge *m.* bridge, bridge game

brièvement briefly; curtly

briller to shine

brique *f.* brick

briser to break, shatter

broc *m.* large jug, pitcher

brocart *m.* brocade

broncher to flinch

brosse *f.* brush

brosser to brush

bruit *m.* noise; sound; sans — noiselessly

brûler to burn

brun brown, dark

brusque abrupt, brusque; sudden

brusquement suddenly, abruptly

brutal brutal; surly

brutalement brutally, rudely

bureau *m.* desk; office

buste *m.* head and shoulders

buté stubborn

butter (*pop.*) to knock out, assassinate, "get"

C

ça (*fam. for* cela) that; — et là here and there; c'est — that's right; sans — *see* sans cabane *f.* shed, hut

cabine *f.* cabin; — téléphonique telephone booth

cabinet *m.* study; — de toilette dressing room

câble *m.* cable, rope

cabré head thrust back, braced

cacher to hide; se — hide

cadavre *m.* corpse

cadencé cadenced, rhythmic

cadre *m.* frame

caillou, -oux *m.* pebble

calme *m.* calm, calmness

calmement calmly

calmer: se — to calm oneself

camarade *m.* comrade

camelot *m.* peddler, vendor

camion *m.* truck

camp *m.* camp; party, side; ficher le — *see* ficher; foutre le — *see* foutre

canapé *m.* sofa, couch

caniche *m. and f.* poodle

canne *f.* cane

capot *m.* hood (*of a car*)

car *m.* motor coach

caractère *m.* nature, disposition

carafe *f.* carafe, water bottle

caresser to caress, stroke, fondle

carnaval *m.* carnival

carreau *m.* window pane

carrefour *m.* cross-street, square

carrière *f.* career

carte *f.* card, calling card; map

cas *m.* case

caserne *f.* barracks

casqué helmeted

casquette *f.* cap; en — wearing a cap

casser to break; — la figure à qn. (*fam.*) punch s. o.'s head, punch s. o.'s nose; se — la figure (*fam.*) break one's nose

cauchemar *m.* nightmare

cause *f.* cause; à — de because of

causer to talk

cavalier *m.* horseman, rider

cavalière *f.* horsewoman

ce this, that; — que the fact that; — qui (que) what

ce, cet, cette *pl.* ces this, that; — jour-là that day

céder to give; give way

ceinture *f.* belt

ceinturon *m.* sword belt

cela that; that thing

celui, celle, *pl.* ceux, celles this one; that one; that, the one; — -ci the latter, this one; — -là the former, that one

cent hundred; faire les — pas *see* pas

centre *m.* center

cependant meanwhile; however, yet; — que while

cercle *m.* circle

cérémonial *m.* ceremonial, rite, ceremony

cérémonieusement ceremoniously

cerner to surround, encircle

certain certain; —s certain ones; un — temps sometime

certainement certainly

cesser to cease, stop

chacun each one

chagrin gloomy, melancholy, sad

chaise *f.* chair

chaleur *f.* heat

chambre *f.* room, bedroom; femme de — *see* femme; robe de — *see* robe; valet de — *see* valet

chance *f.* chance; luck; good luck; avoir de la — to be lucky

chancelant unsteady

change *m.* exchange; au — in the exchange

changement *m.* change

changer (de) to change; — de place *see* place; — de ton *see* ton; — de visage *see* visage

chant *m.* song, singing; — de marche marching song

chanter to sing

chantier *m.* yards (timber-, wood-, stone-, *etc.*), shop

chapeau, -x, *m.* hat; — haut de forme *see* forme

chapitre *m.* chapter

chaque each

chargé loaded, burdened

charmant charming

charme *m.* charm, delight

chasse *f.* hunting; costume de — hunting costume

chasser to chase away, expel; brush aside

chat *m.* cat

chaussée *f.* roadway, street

chaussette *f.* sock; en —s in stocking feet

chef *m.* leader, head; "boss," chief

chemin *m.* way, path, road; poursuivre son — *see* poursuivre

cheminée *f.* chimney; fireplace

cheminer to walk

chemise *f.* shirt; — de nuit night-gown; en bras de — in shirt sleeves

chêne *m.* oak

cher, -ère dear; mon — my dear fellow

chercher to seek, hunt, hunt for, search; try; get

chéri dear

cheval, -aux *m.* horse; — de selle saddle horse; monter à — *see* monter; tenue de — *see* tenue

chevelure *f.* hair

chevet *m.* head of the bed; table de — *see* table

cheveu *m.* hair; les —x the hair

chez with, at (to) the home of, in the office of, in the case of; — moi at home, to my home

chic fashionable, smart

Chine *f.* China; thé — Chinese tea

chinois Chinese

chiquenaude *f.* flick (*of the fingers*)

choisir to choose

choix *m.* choice; de — choice, high class

choqué shocked

choquer: se — to strike each other

chose *f.* thing; quelque — something; quelque — de précis something special

cicatrice *f.* scar

cinglant lashing

cinq five; moins — *see* moins

cinquante fifty

cintré arched; tight at the waist

circonstance *f.* circumstance; de
— appropriate to the occasion
circuler to circulate, move about
ciselé chiseled
cité *f.* city; droit de — *see* droit
clair light, clear
claquer to snap; burst forth; slam
classe *f.* class
clef *f.* key; fermer à — to lock
client *m.* client, customer
clin *m.* wink; — d'oeil wink
clochard *m.* (*fam.*) tramp, hobo
cloche *f.* bell
clochette *f.* little bell; — d'entrée
door bell
cloison *f.* partition
clore to close, shut; se — end
clos, -e (*part.*) closed; huis — *see*
huis
cochère *adj. f.* for carriages; porte
— carriage entrance
cochon *m.* pig
coiffé (de) wearing
coiffer: se — to arrange one's
hair
coiffeuse *f.* dressing-table
coin *m.* corner
col *m.* collar
colère *f.* anger; avec — angrily;
de — with anger
collaborateur *m.* associate, assis-
tant
collant close-fitting, skin-tight
colloque *m.* colloquy, dialogue
colosse *m.* colossus, giant
comble *m.* heaping measure; au
— de at the highest pitch of
comédie *f.* comedy; make-believe
commandement *m.* command

commander to order
comme *conj.* as, since, because
comme *adv.* as, like; as if
commencement *m.* beginning
commencer to begin; tout ne fait
que — *see* faire
comment how?, what?; what!;
indeed!; — vous appellez-vous?
see appeler
commenter to comment on
commode convenient; easy
commode *f.* chest of drawers
commun common, joint; de — in
common
communication *f.* communication, telephone message
compagne *f.* companion
compagnie *f.* company; en — de
together with
compagnon *m.* companion, mate,
comrade
complaire: se — to delight
complaisance *f.* complacency
complètement completely, entirely
compléter to finish
complice of an accomplice
compliquer to complicate
composé assumed
composer to compose; — un numéro de téléphone dial a number; se — compose for oneself;
se — un visage assume an aspect
comprendre to understand, con-
ceive
compte *m.* account; se rendre —
to understand, appreciate (the
situation), become aware

compter to count; be important

comptoir *m.* counter

concentrer to concentrate

concièrge *m. and f.* house-porter, caretaker

conclure to conclude, infer

condamner to condemn

condition *f.* condition, standing, rank; terms; life

condoléance *f.* condolence

conducteur *m.* driver

conduire to lead

confiance *f.* confidence, reliance

confirmer to confirm, corroborate

conflit *m.* conflict

confus embarrassed, ashamed

confusion *f.* confusion, embarrassment

congé *m.* leave

congédier to dismiss

conjuration *f.* conspiracy

connaître to know; se — know each other; on a failli ne pas se — *see* faillir

connivence *f.* connivance

conscience *f.* conscience, consciousness; prendre — de *see* prendre

conseil *m.* advice

conseiller (à) to advise

conserve *f.* preserved food; boîte de — *see* boîte

conserver to preserve, keep; maintain

considérer to consider, look at, contemplate

consigne *f.* orders, instructions

consigner to consign, keep in

consoler: se — to be consoled

consommateur *m.* customer, client

conspirateur *m.* conspirator

constater to declare, state; discover, note

consterné amazed, dismayed

construire to build

consulter to consult, refer to; take stock of

contempler to contemplate, look at, examine

contenir to contain; se — restrain oneself

content (de) satisfied (with), happy

contenter to satisfy; se — (de) be satisfied (with), be content (to), content oneself (with)

contenu restrained

continuer to continue, pursue

contourner to pass around (behind), go around

contracté drawn, contracted

contraire *m.* contrary; au — on the contrary

contraste *m.* contrast

contraster to contrast

contre against, close to; tout — *see* tout

contre-coeur: *m.* à — reluctantly

contremaître *m.* foreman

contrit contrite, penitent

convaincre to convince; se — be persuaded

convenir to be suitable

converger to converge

conviction *f.* conviction; pièce à — object, etc., produced in evidence copain *m.* (*pop.*) pal

cordon *m.* cord, bell cord

corps *m.* body; garde de — *see* garde.

corpulent corpulent, stout

correspondant *m.* correspondent, informer

correspondre to correspond

corriger to rectify, correct

costaud (*pop.*) strong, hefty

costume *m.* costume, dress

côte *m.* rib; edge; hill; — à — side by side

côté side; direction; — à — side by side; à — de beside; aux —s de beside; de — to one side; de son — for his (her) part, on his (her) side, in his (her) direction; du — de in the direction of, on the side of; sur le — to one side, at one side

cou *m.* neck

couche *f.* bed

couché lying, lying down

coucher to lodge

coude *m.* elbow; pousser du — *see* pousser

coudoyer: se — to rub elbows, jostle one another

couillonner (*pop.*) to make sport of, make a fool of

coulant flowing, liquid

couler to run

couleur *f.* color

couloir *m.* hall

coup *m.* blow; knock, thrust; movement; — de feu shot; — d'oeil glance; — de pétard gun shot; — de revolver gun shot;

— de téléphone telephone call; boire à petits —s to sip; d'un — all of a sudden; en — de vent with a burst; manquer son — to miss one's chance; reprendre son — make one's play a second time; réussir son — succeed in one's attempt; tout à — *see* tout; tout d'un — all of a sudden

coupé broken

couper to cut; — la parole à qn. interrupt s. o.

cour *f.* court

courageusement courageously

courant current, ordinary, customary

courant *m.* current; — d'air draft; être au — to be informed

courbé bent

courir to run; expose oneself to; en courant running

cours *m.* course; au — de in the course of; travaux en — work undertaken

course *f.* race; trip; faire des —s to go on errands, go shopping

court short

courtois courteous, polite

coûter to cost

couver to brood; — d'un regard gaze tenderly at

couverture *f.* coverlet, counterpane

couvrir to cover

crachat *m.* Grand Cross (*of an order*)

cracher to spit, spit out

craindre to fear

crainte *f.* fear

crâne *m.* skull

crâner (*fam.*) to swagger

craquer to creak

crasseux, -euse dirty, filthy, squalid

cravate *f.* tie

créer to create

creusé made hollow

crevé burst, broken, split

crever to burst; die, perish; on la crève ici we are dying here (*for lack of air*)

cri *m.* cry, shout; lancer dans un — *see* lancer; pousser un — *see* pousser

crier to shout, cry

crise *f.* crisis; — de larmes fit of crying

crispé tense, clenched, contracted

crisper to contract; se — contract

critique critical

croire to believe, think; — en believe in, have faith in; se — think oneself to be

croisé crossed

croiser to cross; pass; se — pass each other

croissant growing, increasing

croix *f.* cross

cruel, -le cruel

cuisine *f.* kitchen

culotte *f.* breeches

curer to pick (*one's teeth*)

curieux, -euse curious, queer

curieux *m.* curious person, inquisitive person; spectator

curiosité *f.* curiosity

D

d'abord *see* abord

dame *f.* woman; —s *colloq.* for mesdames; sac de — *see* sac

dans in, on; from

danse *f.* dance; musique de — dance music

danser to dance

danseur, -euse *m. and f.* dancer, dancing partner

davantage more

de of; with; about, because of; for; from

débarrasser (de): se — to rid oneself (of), take (off)

déborder to overflow

déboucher to emerge, come out

debout (*adv.*) standing

débrouiller: se — to extricate oneself, get out of a difficulty

début *m.* beginning

décharger to discharge, fire

déchiffrer to decipher

déchiré torn, unsettled

décidé determined

décider (de) to decide; se — (à) decide, come to a decision

déclancher to launch

déclaration *f.* declaration, statement

déclarer to declare

déconcerté disconcerted

décontenancé abashed

déconvenue *f.* discomfiture, annoyance

décor *m.* setting

découragé discouraged

découragement *m.* discouragement

découvrir to discover; expose; light up

décrire to describe, trace

décrocher to pick up (a telephone), remove the receiver from

décroître to decrease, grow faint

déçu frustrated, disappointed

dédaigneusement with disdain

défaire to untie

défait unmade (*of a bed, for example*)

défaite *f.* defeat

défendre to defend, protect; se — defend oneself

déférence *f.* deference, respect

défi *m.* defiance

défiance *f.* distrust

défier to defy, challenge

défiler to march past, march

définitivement definitively, decidedly, definitely

défoncer to smash in

dégager to free, clear (the way); se — free oneself

dégénéré degenerate

dégoût *m.* disgust

dégoûter to disgust

déguenillé ragged

déguiser to disguise; se — disguise oneself

dehors outside; out; au — outside; du — from the outside

dehors *m.* outside

déjà already

déjeuner *m.* lunch; breakfast; petit — breakfast

délavé colorless, pale

délicat delicate, dainty

délicatement delicately

délivrance *f.* deliverance

demain tomorrow

demandé requested, asked for

demander to ask, ask for, demand, beg, request; — qch. à qn. ask sth. of s. o.; en — tant ask as much

démantibulé broken down

démarche *f.* gait, walk

démarrer to start up, start off

démasquer to expose, show up, unmask

demeuré remaining

demeurer to remain, be; live

demi half; — -heure half an hour; à — half, half way; neuf heures et —e nine thirty

demi-tour *m.* half turn; faire — turn half way around

dense dense, thick

dent *f.* tooth

départ *m.* departure

dépasser to go beyond, go past, protrude

dépit *m.* vexation, resentment

déplacer: se — to change one's place, move

déplaire to displease

déposer to deposit, lay

dépouille *f.* dead body

dépourvu devoid, destitute

depuis since, since then; — longtemps long since; je travaille — des années I have been working for years; on habite —

vingt ans one has been living for twenty years

déranger to disturb; annoy; **se —** stir; bother

dérision *f.* derision, mockery

dernier, -ère last; latter; lowest

dérober: se — to escape; **— aux yeux** get out of sight

dérouter to bewilder, disconcert

derrière behind

dès from, beginning with; **— à présent** from now on; **— que** as soon as

désaffecté unused (*for original purpose*)

descendre to come down, go down, descend; get out; dismount; (*pop.*) shoot down, "get"

descente *f.* descent; **— de vidange** *see* **vidange**

désemparé helpless, in distress

desert deserted, solitary, empty

désespéré disconsolate, in despair; desperate

désespérément in despair; desperately

désespoir *m.* despair, grief; **au —** in despair

désigner to designate, point out, indicate

désinvolte free, unconstrained

désir *m.* desire

désirer to desire, wish, wish for

désolé disconsolate, grieved; desolate, dreary

désordre *m.* disorder

desséché dried

desserrer to loosen

dessus over; **au- — de** *see* **au-dessus**; **par- —** *see* **par-dessus**; **tirer —** *see* **tirer**

destin *m.* destiny, fate

destiné destined; born

détaché detached; indifferent, casual

détachement *m.* (*milit.*) detachment

détacher to separate; **se —** break away, separate oneself

détail *m.* detail

détendre: se — to relax

détendu relaxed

détente *f.* relaxation

détester to detest

détour *m.* turning; **au — de** at the turn (bend) of

détourner to turn aside, turn away; **se —** turn aside, step aside, turn

détritus *m.* refuse

deux two; **tous (les) —** *see* **tout**

deuxième second

dévaler (*obsolete*) to descend

devant in front of, before

dévasté devastated

devenir to become; **qu'est-ce que je deviendrai?** what will become of me?

deviner to guess

dévisager to stare at

deviser to chat, talk

dévoiler to unveil, reveal; **se —** reveal oneself

devoir to owe; ought, must, have to; is to, be supposed to devoir *m.* duty, obligation; se mettre en — de to prepare to, set about

diable *m.* devil

Dieu *m.* God, Heaven; bon —! good heavens!; mon —! heavens!; nom de — *see* nom; *pl.* the gods

différent different, divers

différer to put off

difficile difficult; hard to please

difficilement with difficulty, with an effort

difficulté *f.* difficulty

digérer to digest

digne dignified

dignité *f.* dignity

dire to say, tell; mean; dis (dites) donc I say!, look here!; en — autant *see* autant; vouloir — *see* vouloir

directeur *m.* director, superintendent

direction *f.* direction; management; en — de in the direction of

diriger to direct; se — (vers) direct one's steps (toward), go (toward)

discours *m.* speech

discret, -ète discreet, cautious

discrètement discreetly, cautiously

disparaître to disappear

disperser: se — to scatter

disposer to dispose, display, arrange; — de have at one's command; se — prepare

disposition *f.* disposition; *pl.* natural aptitude

disputer to argue; se — wrangle

disque *m.* phonograph record

dissimuler to conceal; se — conceal oneself

distance *f.* distance; à — at a distance

distinct distinct

distingué distinguished, refined, elegant

distinguer to discern, distinguish

distraction *f.* diversion

distraire to distract (a person), amuse, entertain

distrait distracted

distraitement distractedly

distribuer to distribute

divers diverse, various

divulguer to divulge

dix ten

dix-huit eighteen

dix-huitième eighteenth

dix-neuvième nineteenth

dix-sept seventeen

dizaine *f.* about ten; quelques —s some tens

docilement submissively, docilely

doigt *m.* finger

dolman *m.* dolman (*hussar's jacket*)

dominer to control; dominate; tower above

donc so, then; now; I tell you; dites — *see* dire; quoi —? what?, just what?

donner to give; betray; — la parole *see* parole; — sur open into, open on; se — la peine take the trouble

donneuse *f.* (*pop.*) traitor, one who betrays secrets under pressure of torture

dont of whom, of which, whose; — **une femme** including a woman

dormir to sleep

dos *m.* back; **de** — from the back

dossier *m.* back (*of a seat or chair*)

dot *f.* dowry

doucement gently; slowly

douceur *f.* gentleness, sweetness, kindness; **avec** — gently

douleur *f.* grief, sorrow; pain

doute *m.* doubt; **sans** — doubtless

douter to doubt; **se** — **de** suspect; **s'en** — suspect it

doux, -ouce sweet, pleasant, gentle

douzaine *f.* dozen, about twelve

douze twelve

dresser to lift, raise; **se** — appear, rise

droit right, upright, straight, straightforward; **tout** — very straight

droit *m.* right; — **de cité** citizenship, right to belong

droite *f.* right hand, right; **à** — at the right

drôle funny, comical; queer

drôlement queerly

dur hard, harsh; difficult

durant during, for

durci hardened

durement harshly

durer to last

dureté *f.* harshness

E

eau *f.* water

ébouriffer to rumple, tousle

ébranlé shaken, disturbed

écarlate scarlet

écart *m.* step aside; **à l'**— aside, to one side

écarter to separate; brush aside, push aside; open, spread out; **s'**— turn aside, draw aside; deviate, withdraw, draw away, step aside

échanger to exchange

échapper to escape; **l'**— **belle** have a narrow escape

éclair *m.* flash of lightning, flash

éclairé lighted

éclairer: s'— to light up

éclat *m.* splinter; **voler en** —**s** *see* **voler**

éclater to burst, burst forth, burst out; break in pieces

école *f.* school

écouler: s'— to pass

écouter to listen (to)

écrasant overwhelming, crushing

écraser to crush

écrier: s'— to cry out

écrire to write

écrivain *m.* writer

effacer to efface; **s'**— be obliterated; give way, fade away

effaroucher to startle, frighten

effet *m.* effect, result; **en** — in fact, indeed

effleurer to pass lightly over, touch lightly, graze

effondré prostrate

effondrer: s'— to give way, fall, slump

efforcer: s'— to attempt, do one's utmost

effort *m.* effort, endeavor

effrayant frightful, hideous, frightening

effrayé frightened

effrayer to frighten

égal, -e, *pl.* égaux, égales equal; cela vous est — that is a matter of indifference to you

également likewise

égard *m.* regard; à l'— de with regard to, respecting

égaré distracted; disordered

égayer: s'— to make merry

égailler: s'— to disperse

égoïste selfish

eh ah!, well!; — bien! *see* bien

élan *m.* outburst, transport, impulse

élancer: s'— to dash, dart forth

électrique electric

élégamment elegantly

élégant fashionable, elegant, stylish

élever to lift, raise; s'— be raised, rise, arise

éloigner: s'— to go away, go off, withdraw

emballer: s'— to be carried away (*by a strong emotion*), get excited; ne vous emballez pas! keep cool!

embarrassé embarrassed

embêté (*fam.*) annoyed

emboîter to encase; — le pas (à) fall into step (with)

embrasser to embrace; kiss; s'— kiss each other

embrasure *f.* embrasure, recess, opening

embrayer to get into gear

émettre to utter, emit

emmener to take away

émousser: s'— to become dull

émoustillé exhilarated

emparer: s'— de to seize, take possession of

empêcher to prevent; s'— de refrain from

emplir to fill

employée *f.* clerk

employer to use

empocher to pocket

empoigner to seize, grasp

empoisonner to poison

emporter to carry off; s'— lose one's temper

empourprer: s'— to turn purple, turn red

empresser: s'— to crowd

ému moved, stirred, full of emotion

en of it, of them; some, any; from it, from them

en in, at; during, while, *with pres. part. often not translated*

énamouré loving, enamored

encadré framed

encadrer to surround, encircle

encoignure *f.* corner

encore still, yet; more; again; — d'autres still others; — douze francs twelve francs more; — quelques a few more; — un one more; — une fois once more;

ou — or else; **un autre** — still another

encourir to incur

endommagé damaged

endormi asleep, sleeping

endormir to put to sleep; sleep; **s'**— go to sleep

endosser to put on

endroit *m.* spot, place

énervé unnerved

énerver: s'— to become nervous

enfant *m. and f.* child

enfantin childish

enfer *m.* hell

enfermer to shut in; **s'**— shut oneself in

enfiler to slip on

enfin finally

enfoncer to thrust

enfouir to bury

enfourcher to straddle, bestride; mount (*a bicycle*)

enfuir: s'— to escape, flee

enfumé smoky

engager: s'— to become intangled in; — (dans) enter

engourdissement *m.* torpor

engrenage *m.* gear; complication of circumstances

engueuler (*pop.*) to abuse, blow up, jaw

enjamber to straddle

enlacer to clasp in one's arms; **s'**— clasp each other in their arms

enlever to take off

ennui *m.* worry, anxiety, vexation; *pl.* trouble

ennuyé bored; annoyed, vexed

ennuyer to annoy, bother

énorme enormous

énormément enormously, immensely

enregistré registered

ensemble together

enserrer to embrace, press, clasp

ensuite afterwards, then

entasser to pile up

entendre to hear

entendu intelligent, knowing; understood, agreed

enterrer to bury

entier, -ière entire

entièrement entirely

entourer (de) to surround, encompass (with); — **de ses bras** put one's arms around

entraîner to drag off, sweep off, hurry along; lead away, hurry away, lead; draw on, seduce

entre between

entre-bâillement *m.* narrow opening, part-opening, crack (*of a door*)

entre-croiser: s'— to cross one another, be exchanged

entrée *f.* entrance, entry; **clochette d'**— *see* clochette

entreprise *f.* undertaking

entrer to enter; — **à** (dans) enter, enter into; **faites** — *see* faire

entre-regarder: s'— to look at each other

entretenir to care for, keep up

entretien *m.* conversation

entrevue *f.* interview

entr'ouvrir to half-open

énumérer to enumerate

envahir to invade; fill with

envelopper to wrap

envergure *f.* spread (*of wings*); breadth of vision

envers toward

envie *f.* envy; desire; avoir — de to have a mind to; want, desire

envier to envy

environ *m.* about, approximately

envoyer to send

épaule *f.* shoulder

épicerie *f.* grocery store

épier to watch, spy upon

épingle *f.* pin; tiré à quatre —s dapper, trim, spic and span

éploré in tears, disconsolate

éponge *f.* sponge; serviette — see serviette

éponger: s'— to wipe, sponge

époque *f.* epoch; period; d'— of the period; fauteuil d'— period armchair

épouser to marry

épreuve *f.* test, testing

éprouver to experience, feel

erreur *f.* error

escalier *m.* stairs, stairway; — de service *see* service

espace *m.* space

espèce *f.* sort, kind; species

espérer to hope, have hope, trust; expect

espoir *m.* hope

esquisse *f.* sketch

esquisser to sketch; — un geste make a (vague) gesture; — une révérence begin to make a bow

essayer to try

essentiel *m.* essential; most important thing

essoufflé out of breath

essuyer to wipe (off)

estimer to believe, consider

estomper: s'— to grow blurred, shade off

établir to establish; s'— be established, arise

établissement *m.* establishment

étage *m.* story, floor; flight of stairs

étagère *f.* shelves

étaler to spread out; display

état *m.* state, condition; — civil civil status (*concerning birth, marriage, death, etc.*); officier d'— civil registrar, mayor, etc., acting as registrar

éteindre to put out; s'— be extinguished

étendre to stretch out; s'— stretch, extend

étendu stretched out

étirer: s'— to stretch (out) one's limbs

étonné astonished, surprised

étonnement *m.* astonishment; wonder

étonner to astonish; s'— be astonished; exclaim with astonishment

étouffant suffocating

étouffé stifled, hushed

étrange strange, queer

étrangler: s'— to choke, strangle

être *m.* (human) being

être to be; — à belong to; —

d'accord *see* accord; — des
vôtres be one of you, be of
your number; c'est à devenir
fou it is enough to make one
mad: c'est-à-dire that is to say;
en — à come to the point of;
n'est-ce pas? isn't that right?
étreindre to clasp in one's arms,
embrace
étreinte *f.* embrace
étroit narrow
étroitement closely, narrowly
euh! oh! euh!
évader: s'— to escape
évanouir: s'— to fade away
Eve *f.* Eva, Eve
événement *m.* event
évidemment obviously
évidence *f.* evidence; bien en —
conspicuously
évier *m.* sink
évitable escapable, avoidable
évoluer to revolve, go around
exalter: s'— to become exalted,
become excited
examen *m.* examination
examiner to examine, inspect
excellence *f.* excellency, your excellency
excentrique eccentric, odd
excès *m.* excess
exclamer: s'— to exclaim, cry
excuser: s'— to excuse oneself,
apologize
exécuter: s'— to comply
exemple *m.* example; par — for
instance, for example
exercer: s'— to exert oneself, try;
practice

existant existing
existant *m.* existing being
expérience *f.* experiment
explication *f.* explanation
expliquer to explain
exploser to explode
exposé *m.* report, statement
exprimer to express, show; s'—
express oneself
exquis exquisite
extérieur exterior, on the outside

F

façade *f.* façade, front, face (*of
an edifice*)
face *f.* front; face; — à — opposite each other; bien en —
straight in the face; en — de
vis-à-vis, opposite; faire — à to
face
face-à-main *m.* lorgnette
facile easy
façon *f.* way, manner; de toute —
in any case
faction *f.* sentry; en — on duty
fade tasteless, insipid
faible weak
faiblesse *f.* weakness
faiblir to weaken, flinch
faillir to fail; — (*in past tenses
fol. by inf.*) almost (*plus verb*);
nous avons failli ne pas nous
connaître we almost missed
knowing each other
faire to make, cause; do; say; go;
matter; — attention à pay attention to, notice; — briller
make shine; — des gorges

chaudes *see* gorge; — des pas take steps, take some steps; — écrire have written; — entendre make heard; — face à *see* face; — front *see* front; — la queue *see* queue; — peur *see* peur; — place *see* place; — place à *see* place; — plaisir *see* plaisir; — une mine *see* mine; vous — enterrer have yourself buried; voir — qn. see what s. o. is doing; see s. o. do it; se — become; happen; se — à become accustomed to; se — passer qch. *see* passer; se — voir let oneself be seen; cela ne fait rien that doesn't make any difference; faites entrer! have him enter!; il se fait there follows; (ne) t'en fais pas don't worry; tout à fait *see* tout; tout ne fait que commencer everything is just beginning

falloir to be necessary, must, have to; need, ought

fameux, -euse famous, notorious

famille *f.* family

fané withered

fantôme *m.* ghost, phantom

fard *m.* rouge; pretense

farouchement fiercely, sullenly

fasciné fascinated

fat foppish, conceited

fataliste fatalistic

fatigué weary

faubourg *m.* outskirts of a city

faussement falsely, artificially

faute *f.* fault; — de for lack of

fauteuil *m.* armchair

faux, -sse false; jouer — to play off key

faveur *f.* favor

fébrile feverish

fébrilement feverishly

félicitation *f.* congratulation

féliciter to congratulate

femme *f.* woman; wife; — de chambre (lady's) maid

fenêtre *f.* window

fer *m.* iron; lunettes de — steel-rimmed glasses

ferme firm

fermé closed; irresponsive, inscrutable

fermement firmly

fermer to close; fasten; — à clef *see* clef

ferraille *f.* old iron, scrap iron

fesse *f.* buttock

fête *f.* festival; — foraine travelling show

fétide fetid, foul

feu *m.* fire; coup de — *see* coup

feuille *f.* leaf

fiancé engaged

ficher to plant; — le camp (*pop.*) go to blazes

fier, -ère proud

fièvre *f.* fever; avoir la — to have a fever

figé rigid; set

figer to congeal; se — become rigid

figure *f.* face; casser la — à qn. *see* casser

fil *m.* thread

file *f.* line; — d'attente *see* attente

filer to be off, take oneself off,

clear out; — **aux nouvelles** go after news

fille *f.* girl; daughter; **jeune —** girl

fillette *f.* little girl

fin *f.* end; **à la —** finally, in the end; at the end

finalement finally

finir to finish, end; **— de** finish; **— par** end up by (*fol. by inf.*)

fixe fixed, steady

fixer to fix, arrange; fasten; stare at, gaze on, gaze at fixedly; **me — sur mon sort** determine my fate; **se —** be fixed, become fixed

flacon *m.* flask, (stoppered) bottle, medicine bottle; **— stilligoutte** bottle with medicine dropper

flâner to saunter, stroll

flaque *f.* puddle

fleur *f.* flower

flic *m.* (*pop.*) cop, policeman

flot *m.* flood; **entrer à —s** to stream in

flûte *f.* flute

foi *f.* faith

foie *m.* liver; **avoir les —s** (*pop.*) not to have the guts

fois *f.* time; **à la —** at the same time; **douze — vingt** twelve times twenty; **encore une —** *see* **encore**; **une nouvelle —** *see* **nouveau**

foncé dark

fond *m.* bottom, depth; end; **au —** after all; **au — de** at the bottom (end) of

fonder to found, establish

fonderie *f.* foundry

fondre to melt, dissolve

fontaine *f.* well, hydrant

fonte *f.* cast iron

force *f.* force, energy, vigor; *pl.* strength

forcer to force, oblige; overdo

formalité *f.* formality

forme *f.* form; **chapeau haut de —** top (opera) hat

former to form

fort strong; hard, loud; loudly; **être un peu —!** to be too much, go too far

fort strongly, loudly; greatly; tightly, tight

fortement loudly

fou, fol, folle mad, insane, crazy

fouiller to search, rummage

foule *f.* crowd; **il y a —** there is a crowd

fourneau *m.* stove; **— à gaz** gas stove

fournir to furnish

fourrure *f.* fur

foutre: se — (*pop., not in decent use, =* **ficher**) not to care a hang, make fun; **— le camp** clear out

franc *m.* franc (*French coin, differing in value at various periods*)

franchement frankly, openly

franchir to cross

frapper to knock, beat, strike

fraternel, -le brotherly

frayer to open, clear; **se —** open for oneself

fricoter to stew; **ce que tu fricotes** (*fam.*) what mischief you are up to, what you are cooking up

frissonner to shiver

froid cold; reserved, distant

froidement coldly

froissé offended

froncé contracted

froncer to contract; — les sourcils see sourcil

front m. front; forehead; faire — to face it

frotter to rub; se — rub (oneself)

frustrer to defraud; frustrate

fuite f. flight; prendre la — to flee

fumée f. smoke

fumer to smoke

fumier m. dung; (pop.) mean skunk

fumigène smoke-producing

fur m. rate; au — et à mesure que in proportion as, as

furieusement furiously

furieux, -euse furious, angry

furtivement furtively, stealthily

fuser to spread, fuse

fusillade m. shooting

fuyant shifty

G

gagner to gain, reach; earn; win; win over, overcome

gai gay

gaiement gaily

gaieté f. gayety

gaillard m. fellow, chap; grand — great strapping fellow

galamment gallantly

galerie f. gallery, lobby, corridor

gamin m. boy, lad, urchin

gamine f. child, little girl

garde-à-vous m. (position of) attention; au — at attention

garder to guard, defend; keep; — le silence keep silent

gardien m. guard

garnir to adorn; fill

gars m. (fam.) chap, fellow

gaspiller to squander

gâté spoiled

gauche awkward

gauche f. left, left-hand; à — on the left, at the left

gauchement clumsily, awkwardly

gaz m. gas; fourneau à — see fourneau

gazon m. grass

gémir to groan, moan; lament

gêne f. embarrassment

gêné constrained, annoyed; embarrassed

gêner to be in the way of someone, inconvenience; annoy, bother; se — hesitate, stand on ceremony

général general

générosité f. generosity

genou, -x m. knee

genre m. kind, sort

gens m. or f. pl. people

gentilhomme m. nobleman, gentleman

gentiment graciously, gracefully

gésir (obsolete) to lie

geste m. gesture

gifle f. slap

gifler to slap in the face

gisent *pres. of* gésir

glace *f.* mirror

glisser to slip, slide; se — to slip

gonflé swollen; — à bloc (*fam.*) all primed, ready to (the point of) bursting

gorge *f.* throat, faire des —s chaudes (*fam.*) to gloat over

gosse *m. and f.* youngster, child, urchin

goût *m.* taste

goutte *f.* drop

grâce *f.* grace, elegance

grand big; tall; great; — ouvert *see* ouvert; ouvrir tout — *see* ouvrir

grandissant increasing, growing

gratte-papier *m.* (*fam.*) pen-pusher, hack (writer)

gratter to scratch, claw; se — scratch oneself

grave grave, serious

gravement gravely, solemnly

gravir to mount

gravure *f.* engraving, print

greffier *m.* recorder, clerk of the court

grenade *f.* grenade, bomb

grille *f.* railing; *pl.* fence

grimaçant grimacing, wry

grimacer to make a wry face

grimper to climb

gris gray

grisâtre grayish

grogner to growl, grumble

gronder to growl, grumble

gros, -se big, fat, stout, heavy; great

grossier, -ère coarse; rude

groupe *m.* group

groupé gathered

grouper: se — to gather, form a group

guérir to get well, recover

guerre *f.* war

guêtre *f.* gaiter

guetter to lie in wait (for), watch (for)

gueule *f.* mouth (*of an animal*); faire des —s (*pop.*) to pull a long face

guide *m.* guide

guidon *m.* handle-bar, bar, bars

guignol *m.* Punch, puppet

guilleret sprightly, gay

H

(* indicates an *h* aspirate)

h. *abbrev. for* heure

habillé (*part.*) dressed

habiller: s'— to dress

habiter to live, live in; — depuis vingt ans *see* depuis

habits *m. pl.* clothes

habitude *f.* habit, custom; à son — customarily; d'— customarily, usually

*hacher to chop, break

*hagard haggard

*haillon *m.* rag, tatters

*haine *f.* hate, hatred

*haineux, -euse hateful, full of hate

*haïr to hate

haleine *f.* breath; hors d'— *see* hors

*haletant panting, breathless

*hall *m.* (palatial) entrance hall

*halte *f.* halt, stop

haltérophilie *f.* (*neolog.*) fond-
ness for lifting dumb-bells

*hangar *m.* shed, shelter

*hasard *m.* chance; au — at ran-
dom

*hate *f.* haste; sans — unhur-
riedly

*hâter: se — to hasten

*hâtif, -ive hasty

*hâtivement hastily

*haussement *m.* shrugging

*hausser to shrug; se — rise

*haut high, tall; —e école great
school (*of thought, for example*); chapeau — de forme *see*
forme

*haut *m.* height; elevation

*hauteur *f.* height, level; à la —
de at the level of

*he! hey!, say!; — là hey there!

*hein (= n'est-ce pas?) isn't that
so?

Hercule *m.* Hercules, man of her-
culean strength

hésitant hesitating, faltering

hésitation *f.* hesitation, indecision

hésiter to hesitate

heure *f.* hour; o'clock; à la bonne
—! fine!; à tout à l'— see you
later; quelle — est-il? what
time is it?; tout à l'— not long
ago, just now; presently

heureux, -euse happy

*heurter to strike, knock against

hier yesterday

*hisser: se — to pull oneself up

histoire *f.* story; avoir des —s to
get into trouble

*hocher to shake

homme *m.* man

*honte *f.* shame; avoir — to be
ashamed

*honteux, -euse ashamed; shy

horloge *f.* clock

horreur *f.* horror; avoir — (de)
to have a horror of, detest

*hors beyond; — d'haleine out of
breath; — de lui beside himself

hostilité *f.* hostility

*houppette *f.* small tuft; — à
poudre powder puff

huile *f.* oil; lampe à — *see* lampe

huissier *m.* doorkeeper

huis *m.* (*obsolete*) door; à — clos
behind closed doors

*huit eight

humain human

humblement humbly

humeur *f.* humor; ill-humor

*hurler to yell

hypnotisé hypnotized

hypocritement hypocritically

I

ici here; d'— là until then,
jusqu'— *see* jusque

idée *f.* idea

identique identical

idiot foolish, of an idiot

ignoble vile, base

ignorer to ignore, not to know,
be ignorant of

illuminé illuminated, radiant

illusion *f.* illusion; faire — to deceive; se faire des —s deceive
oneself

image *f.* image, likeness, reflection

imaginaire *m.* the unreal

imaginer to imagine

imbécile *m. and f.* fool

imiter to imitate

immédiatement immediately

immense immense, enormous

immeuble *m.* building; apartment house; mansion

immobile motionless

immobiliser: s'— to be motionless, become motionless, stand motionless, stop

impasse *f.* blind alley, blind street

impassible impassive, unmoved

impatience *f.* impatience

impérieux, -euse imperious, domineering

implorer to implore, entreat

importance *f.* importance

importer to be important; n'importe qui anybody whatsoever

importun importunate, troublesome

imposer: s'— to impose oneself

impressionnant impressive

imprudent imprudent, unadvised

impuissance *f.* helplessness

impuissant powerless

imputable attributable

inachevé unfinished

incapable unable

incertain uncertain, unsteady

incliner to nod; s'— bow

incommoder to annoy

incompréhension *f.* incompréhension

inconnu *m.* stranger

inconscient unconscious

incrédule incredulous, unbelieving

incurablement incurably

indicateur, -trice indictory; plaque indicatrice *see* plaque

indicateur *m.* informant, spy

indice *m.* sign, indication

indifférence *f.* indifference, unconcern

indigné indignant

indiqué indicated

indiquer to indicate, inform

indûment unduly

inégal uneven

inerte inert, lifeless

infériorité *f.* inferiority

informer to inform; s'— inquire

initier to initiate

injuste unjust, unfair

inquiet, -ète uneasy, apprehensive

inquiéter to worry; s'— worry

inquiétude *f.* anxiety, uneasiness

inscription *f.* sign, notice

insecte *m.* insect

insistance *f.* insistence

insister to insist

insolence *f.* impertinence, insolence

insolent insolent, impolite

insolite unusual

insonore noiseless

instable unstable

installer to install; s'— settle oneself

instant *m.* instant, moment; un — for a moment

insultant insulting

insulter to insult

insurgé *m.* insurgent, rebel

insurger: s'— to protest

intensément (*neolog.*) intently

intention *f.* intention; à l'— de for the benefit of

interdire to forbid

interdit confused, taken aback, disconcerted

intéressant interesting

intéressé (par) interested (in)

intéresser to interest; s'— (à) be interested (in)

intérêt *m.* interest

intérieur inner

intérieur *m.* interior, home; inside; à l'— inside; robe d'— *see* robe; veston d'— *see* veston

interloqué disconcerted, nonplussed

interpellé *m.* person addressed, person questioned

interpeller to summon, call upon, question; call to

interposer s'— (entre): to come (between), interpose, intervene

interrogateur, -trice inquiring, questioning

interrogatif, -ve questioning, interrogative

interroger to interrogate, ask, question; — d'un regard look questioningly at

interrompre to interrupt

intervenir to intervene, interfere

intime intimate

intimidé intimidated

intimider to intimidate

intrigue *f.* plot

introduire to introduce, show (in)

inutile useless; unnecessary; vain

inutilité *f.* uselessness

inviter to invite

ironie *f.* irony; avec — ironically

ironique ironical

ironiquement ironically

ironiser to say ironically

irrité irritated

issue *f.* outlet; end; à l'— de after; sans — dead-end

J

jade *m.* jade

jaillir to burst forth

jamais ever; never; ne . . . — never

jambe *f.* leg; dans les —s under the feet; on one's legs, against the legs

jardin *m.* park, garden; — public park

jardinet *m.* little garden

java *f.* (*pop.* = javanaise) javanese; — vache *dance popular with working class, accompanied by accordion music*

jeter to throw; cast; fling out; shout, utter; — un cri utter a cry; se — throw oneself

jeton *m.* token (bus token, *for example*); espèce de vieux — (*pop.*) old codger

jeu, -x *m.* game; gambling; stake, hand (of cards); les —x sont faits the game is up

jeune young

joie *f.* joy; glee

joindre to join, clasp; **à pieds joints** *see* pied; se — à join

joli pretty; pleasing, fine, nice; du — a pretty mess

jonché strewed

joncher to be strewn over

joue *f.* cheek

jouer to play; feign; — (de) play (*a musical instrument*); — faux *see* faux; se — be enacted, take place

jour *m.* day; daylight; ce —-là *see* ce; par — per day, a day; tous les —s every day; un — some day

journal, -aux *m.* newspaper

journée *f.* day; toute la — all day long

joyau, -aux *m.* jewel

joyeusement joyfully, gaily

joyeux, -euse gay, merry, joyful

judiciaire judiciary

juger to judge

juin *m.* June

jupe *f.* skirt

jurer to swear

jusque up to, until; jusqu'à up to, to, as far as (to); jusqu'à ce que until; jusqu'ici up to now

juste just, only, barely; exactly; tout — merely

justifier to justify

K

kili *word in baby talk without any meaning*

kilo *m. short form for* kilogramme

kilogramme *m.* kilogram (*2.2 pounds*)

L

là there; here; there!, there now!; ça et — *see* ça; par — *see* par

là-bas over there

lâcher to throw out; utter, blurt out; let go of, release; leave alone, leave in the lurch; — (la détente) release the trigger

là-dedans therein, in the matter; there

là-dessus thereupon

laisse *f.* leash; en — on a leash

laisser to let, permit; leave; leave alone; — dire let it be said; le — faire let him do as he pleases; se — let oneself; se — entraîner let oneself be carried on

lait *m.* milk; boîte à — *see* boîte

laiterie *f.* dairy, dairy bar

lampe *f.* lamp; — à huile oil lamp

lancer to fling, throw, fling out; cast; cry; — dans un cri cry out

langage *m.* language

large wide, broad

large *m.* breadth; de long en — *see* long

larme *f.* tear; crise de —s *see* crise

larve *f.* larva

las, -se tired

laver to wash

lecteur *m.* reader

lecture *f.* reading

léger, ère slight, light; thin; frivolous, flighty

légèrement lightly, slightly

lendemain *m.* the next day

lent slow

lentement slowly

lenteur *f.* slowness

lépreux, -euse leprous, sordid and filthy

lequel, laquelle, *pl.* lesquels, lesquelles who, which

lettre *f.* letter

leur *m.* theirs

lever to raise, lift; se — get up, be raised, be lifted

lèvre *f.* lip

liasse *f.* bundle, wad

liberté *f.* liberty

libre free

lie *f.* dregs

lier to bind, join, link

lieu *m.* place; avoir — to take place

lieue *f.* league (*2.5 miles*)

ligue *f.* league; plot

liquider to liquidate

lire to read

lit *m.* bed

littéraire literary

livre *m.* book

livrée *f.* livery

livrer to deliver — passage à allow to pass

loge *f.* (porter's) lodge

loin far; au — at a distance, from a distance, in the distance; de — from a distance; un peu plus — a little further on

lointain *m.* distance; lointain distant, remote

lois *f.* law

loisir *m.* leisure

long *m.* length; au — de along; de — en large up and down; le — de along, the length of

longtemps a long time; depuis — see depuis

longuement a long time

loque *f.* rag, tatter

lors then; — de at the time of

lorsque when

lot *m.* destiny, lot

louche suspicious

loup *m.* wolf; à pas de — see pas

lourd heavy

lucarne *f.* attic window, gable window

Lucien *m.* Lucian

luire to shine

luisant shining, glistening

lumière *f.* light; en — in the light

lunette *f.* eyeglass; *pl.* spectacles, glasses

lutte *f.* struggle, fight

luxe *m.* luxury; de — expensive

luxueux, -euse luxurious

lycée *m.* school (*corresponding in part to American grammar school, high school and first years of college*)

M

machinal mechanical, automatic

machinalement mechanically

madame *f., pl.* mesdames madam, lady, Mrs.

magnifique magnificent, ostentatious

maigre thin

maillot *m.* tights

main *f.* hand; à la — in (with) one's hand; sac à — *see* sac; se tenir par la — *see* tenir; tenir en — *see* tenir

maintenant now, by this time; plus — *see* plus

maintenir to hold in place

mais but; why; — non of course not; — oui yes, of course

maison *f.* house

maîtresse *f.* mistress

maîtriser to control, master; se — control oneself

majestieusement majestically

mal badly, ill; faire — to hurt; rien de — nothing bad

malade ill

maladie *f.* illness

malaise *m.* uncomfortableness, uneasiness

mâle male

malgré in spite of

malheur *m.* misfortune

malin, -igne shrewd, clever

maman *f.* mother, mamma

manche *f.* sleeve

manège *m.* stratagem, little game

manger to eat

maniéré affected

manifestation *f.* demonstration

manifestement manifestly, evidently

manque *m.* lack

manquer to miss; — son coup miss one's attempt, fail

manteau, -x *m.* coat

maquillé made up, painted

marche *f.* walk, walking; march, step (*of a stairway*), stair; chant de — *see* chant; en — marching; mettre en — *see* mettre; se remettre en — *see* remettre

marché *m.* market; price; bon — cheap; par-dessus le — into the bargain

marcher to walk, walk up and down; march; go, run, work; go along, go ahead; act; je ne marche pas nothing doing!

mari *m.* husband

mariage *m.* marriage

mariée *f.* bride; married woman

marmonner to mutter

marquer to mark; show; leave a mark on

marquise *f.* marchioness

marronnier *m.* chestnut tree

martelé hammered out, hammering out (*a rhythm*), rhythmic

martèlement *m.* beating, cadence

marteler to hammer, beat

masquer to mask, hide

massacre *m.* massacre, butchery

massacrer to massacre, butcher

massif, -ive solid

matériel, -le material

matin *m.* morning

matinal (*adj.*) morning

maussade glum, gloomy

mauvais bad, ugly; evil

mécanique mechanical

méchanceté *f.* spitefulness; ill-nature

mécontent displeased

médaillon *m.* medallion

médecin *m.* doctor

médiéval medieval

méfiant distrustful

meilleur *compar. of* bon

mélange *m.* mixture

mêlé mixed, mingled

melon *m.* bowler (hat)

membre *m.* member

même same; very; en — temps *see* temps; lui- — himself

même (*adv.*) even; aller — to go as far as; quand — *see* quand; tout de — all the same, anyway

menaçant menacing

menacer to threaten

ménagère *f.* housewife

mendiant *m.* beggar

mener to lead

meneur *m.* agitator, ringleader

mentir to lie

menton *m.* chin

mépris *m.* scorn

méprisant scornful

mer *f.* sea

merci *m.* thank you, thanks

mère *f.* mother

mesdames *see* madame

messieurs *see* monsieur

mesure *f.* measure; à — que in proportion as, as; au fur et à — que *see* fur

mesurer to measure; — du regard *see* regard

mètre *m.* meter (*3.281 ft.*)

mettre to put; put on, wear; — qn. en retard *see* retard; — un moteur en marche start up a motor; se — place oneself; se — à begin; se — en devoir de

see devoir; mis à nu bared, exposed

meuble *m.* piece of furniture; *pl.* furniture

meublé furnished

meubler to furnish; — le silence fill (break) the silence

mi-clos half-closed

mieux *compar. of* bien; aimer — *see* aimer; il y a — there is something better; tant — *see* tant; valoir — *see* valoir

milice *f.* militia

milicien, -ne of the militia

milicien *m.* militiaman

milieu *m.* middle, midst; social sphere, circle; au — de in the midst of, in the middle of

mille thousand; billet de — thousand franc note

millier *m.* thousand

mimer to mimic

minauder to simper

mine *f.* air; aspect; faire une — to assume a look

ministre *m.* minister

minute *f.* minute

mire *f.* aim; point de — target

miroir *m.* mirror

misérable wretched

misérablement wretchedly

misère *f.* wretchedness

mitraillette *f.* small machine gun

mitrailleuse *f.* machine gun; rafale de — volley of machine-gun fire

mode *f.* style

moderne *m.* modern

modeste modest, plain

moindre less, least

moins less; — cinq five minutes to the hour; en — bien *see* bien

moins *m.* least, less; au — at least

mois *m.* month

moitié *f.* half; à — half

mollet *m.* calf (*of the leg*)

mollir to yield, give way

môme *m.* or *f.* (*fam.*) kid, chap

moment *m.* moment; au — où at the moment when; du — que the moment that, as soon as

mondain fashionable; voix —e affected voice

monde *m.* world; tout le — everybody

monotone monotonous

monsieur *m., pl.* messieurs gentleman, man, sir, Mr.

montagne *f.* mountain

monter to mount, go up, rise, come up; climb; — à cheval go horseback riding; — dans get into, board (*a bus, for example*)

montre *f.* watch

montre-enseigne *f.* street clock

montrer to show; se — show oneself, appear

monumental monumental

moquer: se — (de) to scoff at, make fun of; disregard

moquerie *f.* mockery, scoffing

moral *m.* morale, spirits

morceau, -x *m.* piece

morne mournful

mort dead

mort *f.* death

mort, -e *m. and f.* dead, dead person

mot *m.* word

moteur *m.* motor; mettre un — en marche *see* mettre

motorisé motorized

mou, mol, molle soft

mouchard *m.* (*fam.*) informer (*who has told secrets under pressure of torture*)

mouche *f.* fly

mouchoir *m.* handkerchief; — de poche pocket handkerchief

moue *f.* pout; grimace

mouette *f.* seagull

mouiller to wet

moulé (dans) tightly fitted into

moulure *f.* molding

mourir to die; se — be dying, be dying out

mousquetaire *m.* musketeer

mouvement *m.* movement, motion

mouvoir: se — to move

moyen, -ne mean, average; — âge the Middle Ages

moyen *m.* means

muet, -te mute, silent

mur *m.* wall

mural (*adj.*) wall

murmurer to murmur, whisper

musicien *m.* musician

musique *f.* music; — de danse *see* danse

N

naissance *f.* birth

naître (*p. part,* né) to be born

narine *f.* nostril

nasillard nasal

naturel, -le natural

naturellement naturally

nausée *f.* nausea

ne . . . que *see* que

né *see* naître

néanmoins nevertheless

néant *m.* nothingness, nihilism

nécessaire necessary

négligent careless

nerf *m.* nerve

nerveusement nervously

nerveux, -euse nervous; muscular, wiry

nervosité *f.* nervousness

net (*adv.*) clean, entirely; s'arrêter — to stop short

nettement distinctly

neuf, neuve new; rien de — *see* rien

nez *m.* nose; regarder qn. sous le — to stare someone in the face

ni nor; ne . . . — . . . — neither . . . nor

niais silly, simple, foolish

noble *m.* noble, nobleman

noblesse *f.* nobility

noir black

noix *f.* walnut; vieille — (*pop.*) old pal, old bean

nom *m.* name; — de Dieu in the name of heaven

nombreux, -euse numerous, many in number

nommé a certain

non no; — pas not; — plus *see* plus; que — not; mais — *see* mais

nonchalamment unconcernedly, nonchalantly, carelessly

nord north

normalement normally

noter to take note, observe; jot down

nouveau, -el, -elle, *pl.* -x, -elles new, newly arrived; another; — venu *see* venu; une nouvelle fois once more

nouveau, -elle *m. and f.* new one, something new; newcomer; à — again; de — again; du — something new

nouvelle *f.* bit of news, news; *pl.* news

noyé, -e *m. and f.* drowned person

noyer: se — to drown oneself

nu naked, bare

nuance *f.* shade, difference

nudité *f.* nakedness

nuit *f.* night; cette — last night; chemise de — *see* chemise

nul, -le *m. and f.* no one

numéro *m.* number

O

obéir (à) to obey

objet *m.* object; — de luxe article of luxury

obliger to oblige, compel

observer to watch, observe, look at; point out, remark

obstiné obstinate

obstinément obstinately

obtenir to obtain

occasion *f.* opportunity

occupé busy, occupied; — **à sourire** busy smiling
occuper to occupy; **s'**— **à** be occupied at; **s'**— **de** attend to, look
after; be interested in; **t'occupe
pas** don't worry
odieux, -euse odious, hateful
oeil, *m., pl.* **yeux** eye, **coup d'**—
see **coup; ouvrir de grands yeux**
to open one's eyes wide; **suivre
des yeux** follow with one's
eyes; **les yeux dans les yeux**
looking straight into each
other's eyes
oeillet *m.* carnation
oeuvre *f.* work
offert offered, proffered
office *m.* butler's pantry, servants'
quarters
officiellement officially
officer *m.* officer; — **d'état civil**
see **état**
offrir to offer
ombre *f.* shadow; spirit
on one, a person, they, people, we
oncle *m.* oncle
ongle *m.* finger nail
opérer to bring about
opposé opposite
or *m.* gold
or now, but
orangerie *f.* orangery, orange
grove
orateur *m.* orator
orchestre *m.* orchestra; band
ordinaire *m.* the usual; **à l'**— usually
ordonner (à) to command, order
ordre *m.* order, command; **en** —
in order; **rappeler à l'**— to call
to order
oreille *f.* ear
orienter: s'— to get (take) one's
bearings
orner to adorn, ornament
oser to dare
osseux, -euse bony
ostentation *f.* ostentation; **sans** —
unostentatiously
ôter to remove
ou or; — **(bien) encore** or else
où where; in which; when; **d'**—
from which; **par** — *see* **par**
oublier to forget
ouf; oh!
oui yes
outil *m.* utensil
outré incensed
ouvert open; **grand** — wide open
ouverture *f.* opening
ouvrage *m.* work
ouvrier *m.* workman
ouvrir to open; — **tout grand**
open wide; **s'**— open, be
opened

P

page *f.* page
paire *f.* pair
paisible peaceful, calm
paisiblement peacefully, calmly
palais *m.* palace
pâle pale
palier *m.* landing
pan *m.* side, section (*of a wall*)
panier *m.* basket
panneau *m.* panel (*of a door*)

pantalon *m.* trousers

pantin *m.* puppet, nonentity

papa *m.* papa, dad

papier *m.* paper; *pl.* (official) papers

paquet *m.* packet, bundle

par by, through; with; — là that way; — où where, the way, through which

paraître to appear, seem; be seen, appear

parc *m.* park

parce que because

par-dessus over

pardon *m.* pardon, I beg your pardon

pardonner to forgive

pareil, -le similar, the same, such

pareil (*adv.*) just the same

pareillement likewise

parer to bedeck, adorn

parfait perfect; fine!

parfaitement perfectly, entirely

parfois sometimes, now and then

parler to speak, talk

parmi among

parole *f.* word; donner la — to permit to speak; prendre la — to speak; sur — on one's word

part *f.* share; de la — de on behalf of; prendre — à to share (in), take part (in); sympathize; quelque — *see* quelque

parti *m.* (political) party

particulier, -ère particular, peculiar

partie *f.* part

partir to leave; en partant de starting from

partout everywhere; un peu — just about everywhere

parvenir to succeed; come, arrive; — à reach; succeed in

pas *m.* step; — à — step by step; à — de loup noiselessly, stealthily; à grands — with long strides; avancer d'un — to advance one step; faire des — *see* faire; faire les cent — to walk up and down; revenir sur ses — *see* revenir; se remettre à son — *see* remettre

pas not, no, not any; ne . . . — not; non — *see* non

passage *m.* passage; passageway; au — in passing; livrer — à *see* livrer

passant, -e *m. and f.* passer-by

passer to pass, pass by; hand; go; spend; — chez moi come to my home; y — go through it, endure it; se — take place; go on, happen; se — de get along without; se faire — qch. get into trouble

passif, -ve passive

passion *f.* passion; avec — passionately

passionné passionate

passionnément passionately

pâte *f.* dough; matter, stuff

patron *m.* employer, chief, boss

Paulo *m.* (*Spanish*) Paul

paupière *f.* eyelid

pauvre poor, wretched

pauvrement poorly

pavé *m.* pavement, paving-stone

pavillon *m.* pavilion

payer to pay, pay for

pays *m.* country

peau *f.* skin; avoir qn. dans la —
to be infatuated with someone

pédale *f.* pedal; à toutes —s at
full speed (*of a bicycle*)

peignoir *m.* dressing-gown

peine *f.* pain; grief, sorrow; difficulty; à — scarcely; se donner
la — *see* donner; valoir la —
see valoir

pelle *f.* shovel

pelouse *f.* lawn, greensward

pencher to incline, lean; penché
leaning; se — (sur) bend over,
lean over, bend

pendant during, for; — que while

pendre to hang

pendule *f.* clock

pénétrer to penetrate, enter; —
dans enter

pénible painful

péniblement painfully, laboriously

pénombre *f.* half-light

pensée *f.* thought

penser to think; — à think about

pensif, -ve thoughtful

pente *f.* slope; très en — steep

percer to pierce, break through;
appear

percevoir to hear

perdre to lose; se — become lost

père *m.* father

performance *m.* performance
(*sport term*)

permettre to permit, allow; vous
permettez? you will allow me?

perron *m.* steps (*before a building*)

persienne *f.* Venetian blind, shut-
ter-blind

personnage *m.* person; character,
personage (*of a play*)

personne *m.* someone, anyone; no
one; (ne) . . . — no one, not
anyone

personne *f.* person, individual;
grande — grown-up

personnifier to personify

perte *f.* loss

pesant heavy

peser to weigh; be heavy

pessimiste pessimistic

pétard *m.* shot; coup de — *see*
coup

péter (*pop., not in decent use*) to
pop; — le feu burst with en-
thusiasm

petit small, little; short; unim-
portant, mere; — à — little by
little

petit, -e *m. and f.* little child, little one

pétrifié petrified, horrified

pétrir to knead, mold

peu little; — à — gradually; à
— près about, approximately;
quelque — somewhat; un —
partout *see* partout; un petit —
(*colloq.*) a tiny bit

peur *f.* fear; avoir — to be afraid;
faire — to frighten

peut-être perhaps

photo *f.* photograph

photographie *f.* photograph

phrase *f.* sentence

pianoter to drum, strum, tap.

pièce *f.* room; piece of money; — à conviction *see* conviction

pied *m.* foot; à —s joints with feet togeher; en — full length

piège *m.* trap; tendre un — *see* tendre

Pierre *m.* Peter

piétinement *m.* moving of feet, stamping

piéton *m.* pedestrian

piloter to drive

pincer to pinch, press, contract

piste *f.* track; dance floor; — de danse dance floor

pitié *f.* pity

pitoyable pitiful, piteous

place *f.* place; public square; position, job; seat; changer de — to change one's place (seat); demeurer sur — to remain motionless; faire — à to make way for, give way to, make room for; prendre — *see* prendre; rester sur — to remain motionless; s'avancer d'une — to move forward one place

placer to put, place; put in; — un mot put in a word; se place oneself

plafond *m.* ceiling

plaindre to pity; se — complain

plainte *f.* complaint; porter — to lodge a complaint, sue

plaire to please; s'il vous plaît if you please, please

plaisanterie *f.* joke

plaisir *m.* pleasure; faire — to be a pleasure, please, give pleasure

plante *f.* plant

planté stock-still

planter: se — to plant oneself, station oneself

plaque *f.* plate; plaque; — indicatrice street sign

plaqué flattened

plat flat

plat *m.* dish, plate; — à barbe shaving mug

plate-forme *f.* platform

plein full; en —pleine action in full swing

plénitude *f.* fullness

pleurer to weep, weep over, mourn for

plier to bend

plupart *f.* majority; pour la — for the most part

plus more, further; no more; — fort stronger; — maintenant no longer; au — vite *see* vite; de — en — more and more; il n'y a — que *see* avoir; le — the most; ne ... — no longer, no more; ne ... — jamais never any more; ne ... — que no longer anything but; ne ... — rien no longer anything; ne ... pas non — not either

plusieurs several

plutôt rather, sooner

pneu, -s *m.* (*fam. for* pneumatique) (pneumatic) tire

poche *f.* pocket; mouchoir de — *see* mouchoir

poids *m.* weight

poing *m.* fist

point *m.* point, spot; — de mire

see mire; — de vue *see* vue;
de — en — exactly

point no, not at all; ne . . . —
not at all

poitrine *f.* chest, breast

poli polite

police *f.* police

politesse *f.* politeness

politique *f.* politics

ponctuer to punctuate

populaire popular, cheap, common

populeux, -euse populous

porte *f.* door; gate; — cochère *see*
cochère

porte-plume *m.* pen (*not a fountain pen*)

porter to carry, hold; wear, bring;
— plainte *see* plainte

porto *m.* Port wine; — flip Port
wine with egg yolk added

pose *f.* pose, posture

posément calmly

poser to place, put down, put,
rest, lay down; — une question
ask a question; se — rest; be
placed

possibilité *f.* possibility, chance

poste *m.* post, station

poudre *f.* powder; houppette à —
see houppette

pouffer (*pop.*) to puff; — de
rire burst out laughing

pouilleux, -euse lousy, wretched

poule *f.* hen, chicken

pour for, to; in order to; — guide
as a guide

pour que so that, in order that

pourquoi why

poursuite *f.* pursuit; à la — de in
pursuit of

poursuivre to continue; — son
chemin continue on one's way

pourtant however, nevertheless,
yet

pousser to push; — du coude
nudge; — un cri utter a cry

poussiéreux, -euse dusty

pouvoir to be able, can, may; ne
— plus rien be able to do nothing more; n'en — plus be completely exhausted; y — be able
to do about it; ça se pourrait it
is quite possible; vous pouvez
le dire (*pop.*) you've said it!

précaution *f.* precaution; avec —
cautiously

précautionneusement cautiously

précédemment previously

précédent preceding

précéder to precede

précieux, -euse precious

précipitamment hastily

précipitation *f.* precipitation, haste

précipiter to precipitate; se —
rush

précis precise, definite

précisément precisely

préciser: se — to specify, state
more precisely; become distinct

préfecture *f.* prefecture; prefect's
offices

préféré, -e *m. and f.* favorite

préférer to prefer

premier, -ère first

prendre to take; accept; assume;
— conscience de become aware
of; — la fuite *see* fuite; — la

parole; *see* parole; — part à *see* part; — place take one's place, sit down; — une mine assume an air; pris de seized with

préoccupé preoccupied

préparatoire preliminary

préparer, to prepare, prepare for

près near; — de near; — de là near there; de — close up, near at hand

présent (*adj.*) present

présent *m.* present; à — now, at present

présenter to present; introduce

presque almost

pressé hurried, in a hurry; urgent

pressentir to have a foreboding of, foresee

presser to press, clasp

prestance *f.* bearing, appearance

prestement quickly

prêt ready

prétendre to claim

prêter to lend; — attention pay attention

preuve *f.* proof; faire — de to show

prévoir to foresee

prier to pray; je vous en prie I beg of you

printemps *m.* spring

prison *f.* prison

privé private

prix *m.* price; value; bibelot de — *see* bibelot

prochain next

proche near, nearby

prodigieusement prodigiously

produire to produce, make

professionnel, -le professional

profiter (de) to profit (by), take advantage (of)

profond deep, profound

profondément deeply, profoundly

progresser to advance

progressivement progressively

projeter to project; se — project oneself (itself)

promenade *f.* walk

promener: se — to walk, promenade, stroll

promesse *f.* promise

promettre to promise

promis promised

prompt prompt, quick

prononcer to pronounce, say

propager to scatter

propos *m.* words, remark; à — de regarding; à ce — in this connection

proposer to propose, suggest, offer; se — offer oneself

propre own; clean

protecteur, -trice protecting

protège-moustache *m.* mustache protector

protester to protest

prouver to prove

provenir to come, arise, result

provocant provocative; defiant

psychologie-phénoménologique *f.* psychology of phenomena

puant stinking

public, -ique public

puéril childish

puérilement childishly

puis then, next

puisque since
puissant powerful
pull-over *m.* slipover sweater
pupitre *m.* desk
pur pure, genuine
pureté *f.* innocence

Q

qualité *f.* quality, characteristic
quand when; — même in spite of everything, just the same, even so
quarantaine *f.* about forty
quartier *m.* quarter
quatorze fourteen
quatre four
que that; when; how; than (*in comparison*); what (*interr. pro.*); attendre — to wait until; ne . . . — only; ne . . . plus — *see* plus; qu'est-ce — c'est? what is it?
quelconque any; ordinary
quelque some, few, a few; — chose *see* chose; — part somewhere; — peu *see* peu; encore —s *see* encore
quelquefois sometimes
quelqu'un, -e, *pl.* quelques-uns, quelques-unes someone, some
qu'est-ce que? what?; — c'est? what is it?; — c'est que? what is?; — vous avez à rire? why do you laugh?; qu'est-ce qu'il y a? *see* avoir
qu'est-ce qui? what?
questionner to ask, question
queue *f.* tail; line; à la —! get in line!; faire la — to stand in line

qui who, whom
quitter to leave; lay aside, desist from; — des yeux take one's eyes off; se — leave each other
quoi what; (*fam. and ill-bred*) pardon; what?, what now?; — donc *see* donc; après — after which; il n'y a pas de — rire there is nothing to laugh about
quoi que (*conj.*) whatever
quoique although
quotidien, -ne daily

R

raccord *m.* adjustment; faire le dernier — to put on the last touch
raccrocher: se — to get hold
racine *f.* root
raconter to tell, say; relate; — sa vie tell the story of one's life
radio *f.* radio
radoucir: se — to grow softer
rafale *f.* blast; volley (*of gunfire*)
rage *f.* rage, fury
rageusement angrily, passionately
rai *m.* ray, beam
raide stiff
raidi stiff, rigid; braced, stiffened
raie *f.* part (*of hair*)
raison *f.* reason; se faire une — to accept the inevitable, make the best of a bad job
ralentir to slow down, slow up (one's pace)
ramasser to pick up
ramener to draw back
rampe *f.* baluster, handrail
rang *m.* row

ranger to arrange; draw up; se —
du côté de go over to the side of

rapide rapid

rapidement quickly, rapidly

rapidité *f.* rapidity, speed

rappeler to call; remind; — à l'ordre *see* ordre; se — remember,
recall

rapprocher: se — to draw near
(to each other), approach; se
— (de) draw near (to)

rare rare, faint; infrequent, excep-
tional

rasé shaved

rassembler to gather together

rasseoir: se — to sit down again

rasséréner: se — to recover one's
serenity

rassurer to reassure

rater to miss; fail, fail in, miscarry

rauque hoarse

ravi enraptured, entranced

raviser: se — to change one's
mind

ravissement m. rapture

rayé striped

rayon *m.* ray, beam

rayonnant radiant

réaction *f.* reaction

réagir to react

réaliser to effect, execute, achieve

rebord *m.* edge; ledge; back (*of
a sofa*)

recevoir to receive

récit *m.* recital, story

réclamation *f.* complaint, claim,
adjustment

réclamer to call for, demand

recommencer to begin again

reconnaître to recognize; admit,
confess

recouvrir to cover, cover again

rectifier to rectify, correct

recueillir: se — to collect oneself,
collect one's thoughts

reculer to draw back, retreat

redescendre to descend again

redevenir to become again

redonner to give again

redoublé redoubled

redoubler to redouble, increase

redressé erect

redresser to lift; se — straighten
up, stand erect again, lift oneself up, get up

réellement truly

refermé reclosed

refermer to close again; se —
close again

réfléchi thoughtful

réfléchir to reflect, ponder

reflet *m.* reflection

refléter: se — to be reflected

réfugier: se — to take refuge

regagner to regain, resume; return to

regard *m.* look, gaze, glance; interroger d'un — *see* interroger;
mesurer du — to measure with
one's eye; suivre du — to follow with one's eyes

regarder to look, look at, regard;
watch; concern, have to do
with; ça vous regarde? is that
any of your business?; se —
look at each other, look at oneself

régent *m.* regent

registre *m.* register, book

régler to settle, pay

regret *m.* regret; à — with regret

regrettable regrettable, deplorable

regretter to regret

réintégrer to reintegrate

rejeter to throw back; reject; — en arrière throw back; se — throw oneself (back)

rejeton *m.* scion, offspring

rejoindre to join, overtake; se — join each other

réjoui jovial, merry

relâche *m.* respite

relation *f.* connection, friend

relativement relatively

relever to raise, lift up, turn up; pick out; — la plaisanterie continue the joke; se — get up

remâcher to ruminate; revolve in one's mind

remarquer to notice; remark, observe

rembarrer to rebuff, bar the way to

rembrunir: se — to grow dark, become gloomy

remercier to thank, express one's thanks

remettre to put back, put on again; defer; se — be put off; se — à begin again; se — à son pas fall into step with him again; se — en marche start out again

remonter to pull up; go up, mount

remplacer to replace

remplir to fill, fulfill

renard *m.* fox; fox fur

renchérir to go further, add

rencontre *f.* meeting, encounter; chance; à leur — to meet them

rencontrer to meet, encounter; se — meet each other

rendez-vous *m.* rendezvous, appointment

rendre to render; return; se — surrender

renfort m. reënforcement; en —s as reënforcements

rengaine *f.* old refrain

renifler to sniff back, draw back

renoncer to give up, renounce

renouer to resume

renouveler to renew; se — be renewed, occur again

renseignement *m.* information; *pl.* information

renseigner to inform

rentrer to reënter; return, return home, get back home; — dans reënter

renversé overturned

renverser: se — to throw oneself back; — en arrière lean back

répandre: se — to scatter, spread out

reparaître to reappear

repartir to leave again, set off again, leave

repas *m.* meal

repasser to pass again

repérer to watch closely

répéter to repeat; rehearse

répliquer to reply

répondre to reply, answer; — de be accountable for

réponse *f.* reply

reporter to bring back; se — be transferred, be brought back

reposer to put down; rest

repousser to push back

reprendre to resume; take again, take up again; begin again; regain; continue; se — regain control of oneself; correct oneself

représenter to represent; depict

réprimander to reprimand, rebuke

réprimé suppressed, repressed

repris recaptured

réprobation *f.* reprobation

reproche *m.* reproach

reprocher to reproach, expostulate

résignation *f.* resignation

résigné resigned

résolu resolute

résonner to resound, reverberate

respecter to respect

respirer to breathe

responsabilité *f.* responsibility

ressaisir to seize again

ressentir to feel, experience

resserrer: se — to press, come close

ressortir to come out again

ressusciter to rise from the dead

reste *m.* remnant, rest

rester to remain, stay; be left; — sur place *see* place

résultat *m.* result

résumer to recapitulate, sum up

rétablissement *m.* action of lifting oneself up by one's wrists

retard *m.* delay; en — late; mettre qn. en — to make one late

retenir to retain; restrain, keep back, detain; se — restrain oneself

retentir to resound, sound

retenue *f.* restraint

retirer to withdraw, take out

retomber to fall again, fall

rétorquer to retort

retourner to return, go back; — en arrière turn back; se — turn around

réunion *f.* meeting

réunir to unite, be collected, be assembled

réussir to succeed, be successful in

revanche *f.* retaliation; en — by way of retaliation

rêve *m.* dream

réveille-matin *m.* alarm clock

révéler: se — to reveal oneself, appear, be revealed

revenir to come back; — sur ses pas retrace one's steps

rêver to dream

révérence *f.* bow

revers *m.* lapel; back (*of hand*)

revirement *m.* violent change of feeling

revivre to live again

revoir to see again; au — goodbye

revolver *m.* revolver; coup de — *see* coup

rez-de-chaussée *m.* ground floor

ricanement *m.* sneer

ricane. to sneer, laugh sneeringly, laugh derisively

rideau, -x *m.* curtain

ridicule ridiculous

rien *m.* nothing; — à voir là-dedans *see* voir; — de neuf, nothing new; — du tout nothing at all; — que only; cela ne fait — *see* faire; ne . . . — nothing; sans — dire without saying anything

rigide rigid, stiff

rigoler (*fam.*) to laugh, make sport

riposter to reply; fire in return

rire to laugh; il n'y a pas de quoi — *see* quoi

rire *m.* laugh, laughter

risquer to run the risk; venture

rituel, -le ritualistic

robe *f.* robe, dress; — de chambre dressing gown; — d'intérieur dressing gown

roi *m.* king

romantique *m.* romantic (*person of the romantic school*)

rompre to break

rond round

rond *m.* round, circle; en — in a circle

ronger to gnaw; se — fret

rose pink

rotin *m.* rattan

roue *f.* wheel; — avant front wheel; — de bicyclette bicycle wheel

rouge red

rougir to blush

rouler to roll; keep going

route *f.* road

rouvrir to reopen

ruban *m.* ribbon

rue *f.* street

ruelle *f.* by-street, alley

rugir to roar, yell

ruisseau *m.* gutter

rythme *m.* rhythm

S

sac *m.* handbag; — à main purse; — de dame purse

sagesse *f.* wisdom; prudence

saisir to seize, grasp; catch; se — de take hold of, grasp

saisissant startling, striking

saison *f.* season; voiture de quatre —s fruit and vegetable cart

salade *f.* salad; sortir ces —s (*fam.*) to pull this nonsense

salaud *m.* (*pop.*) dirty dog

sale dirty

saligaud *m.* (*pop.*) dirty dog

salive *f.* saliva

salon *m.* drawing-room, living-room

saloperie *f.* (*pop.*) filthiness, filthy thing

saluer to salute, bow (to), greet

salut *m.* greeting

sang *m.* blood

sanglot *m.* sob

sangloter to sob

sans without; — ça otherwise

sans que without; — l'on fasse attention without one's paying attention

santé *f.* health

satisfaire to satisfy; meet
satisfait satisfied
sauf except; — que except that
sauter to jump, leap; pass, jump over
sauver to save; se — escape
savamment cleverly; wittingly
savoir to know; n'en — rien know nothing about it, not to know
scander to scan, stress, pronounce with a rhythm
scène *f.* scene
sceptique sceptical
scruter to scrutinize
seau *m.* pail, bucket
sébile *f.* wooden bowl (*of a beggar*)
sec, sèche dry; cold, sharp
sèchement dryly, sharply
seconde *f.* second
secouer to shake
secret, -ète secret
secrétaire *m.* secretary; desk
sein *m.* breast; heart
selle *f.* saddle; cheval de — *see* cheval
selon according to
semblable similar
sembler to seem, appear
sens *m.* direction; meaning; dans tous les — in all directions
sensationnel, -le sensational; (*fam.*) thrilling
sentiment *m.* feeling, sensation
sentir to feel; smell of, smack of; on le sent distrait one feels that he is distracted; se — feel (oneself)

séparer to separate; se — separate
sérieusement seriously, in earnest
sérieux, -euse serious
serré pressed, tight; coeur — with sad heart; dents —s teeth clenched
serrer to press, clasp; — fort hold tight; se — press (oneself); press each other; se — la main shake each other's hand
serrure *f.* lock
serveuse *f.* waitress
service *m.* service; bureau; escalier de — service stairway, tradesmen's stairway
serviette *f.* briefcase; towel; — éponge bath towel
servir to serve; — de serve as
seuil *m.* threshold
seul alone, only, single; le — the only one; tout — *see* tout; un — a single one
seulement only, but; even
sévère severe, stern
sévèrement harshly
sévérité *f.* severity
si so, so much; yes; mais — oh yes
si if, whether; — . . . que however
siècle *m.* century
siège *m.* seat
sifflant hissing, whistling
signature *f.* signature
signe *m.* sign, signal; faire — to make a sign
signer to sign
signet *m.* bookmark
signifier to mean, signify

silence *m.* silence; garder le —
  see garder
silencieusement silently
silencieux, -euse silent
silouette *f.* silhouette, profile
simple simple, mere
simplement simply, only
simulacre *m.* semblance, pretense
sincère true, honest, sincere
sincèrement sincerely
singulièrement particularly
sinistre sinistre, baleful
sire *m.* sire (*used in addressing
  potentates*)
situé situated, located
six six
sobre simple, sober, discreet
social social
soeur *f.* sister
soigner to care for
soigneusement carefully
soin *m.* care
soir *m.* evening; la veille au —
  see veille
sol *m.* ground, floor
soldat *m.* soldier
soleil *m.* sun; sunshine
solennellement solemnly
solide strong, firm; steadfast
sombre somber, dark; gloomy
somptueux, euse sumptuous, gor-
  geous
son *m.* sound
songer to think, dream
songeur, -euse thoughtful, dreamy
sonné (*pop.*) crazy; avoir l'air
  — to appear cracked
sonnerie *f.* ringing
sonnette *f.* (door) bell

sordide sordid, filthy
sort *m.* fate
sorte *f.* sort, kind; en — que in
  such a way that
sortie *f.* exit, front door; departure
sortir to come out; leave, go out;
  take out, bring out, get out;
  — de leave
sou *m.* sou, cent (*5 centimes*)
souci *m.* care, worry, preoccupa-
  tion, anxiety
soucieux, -euse anxious, troubled;
  thoughtful
soudain (*adj.*) sudden, unex-
  pected
soudain (*adv.*) suddenly
soudainement suddenly
souffle *m.* breath
souffler *to whisper;* il ne souffle
  mot he does not breathe a word
souffrance *f.* suffering
souffrir to suffer
souhaiter to wish, desire; — la
  bienvenue à *see* bienvenue
soulagement *m.* relief
soulager to relieve (*a person*)
soulever to raise, lift
soupçonner to suspect
soupçonneux, euse suspicious
soupeser to heft, feel the weight
  of
soupir *m.* sigh
soupirer to sigh
sourcil *m.* eyebrow, brow; froncer les —s to knit one's brow
sourd dull; secret
souriant smiling

sourire to smile; se — smile at each other

sourire *m.* smile

sournois sly, crafty

sous under

soutenir to support; se — stand up; sustain oneself

souvenir: se — to remember

souvent often

spécial, -aux special, particular

spectacle *m.* scene, spectacle; au — at the theatre

spectateur *m.* spectator, bystander

spontané spontaneous

spontanément spontaneously

squelettique emaciated, skeleton-like

stationner to stand, halt, be parked

stilligoutte (*adj.*) equipped with medicine dropper

stilligoutte *m.* medicine dropper

stimuler to stimulate, excite, rouse

stopper (*Anglicism*) to stop

stupéfaction *f.* stupefaction, great astonishment

stupéfait stupefied, astonished

stupéfiant astonishing, dumfounding

stupeur *f.* amazement

subalterne *m.* subaltern, subordinate

subitement suddenly

subjugué subjugated, subdued

submerger to overwhelm

succéder (à) to follow

successivement successively, in succession

sueur *f.* perspiration; en — perspiring

suffire to be sufficient, suffice

suffoquer to choke (*with rage*)

suggérer to suggest

suite *f.* reste, continuation; à la — (de) after, behind; par — de in consequence of; tout de — *see* tout

suivre to follow; — des yeux *see* oeil

sujet *m.* subject; à leur — in regard to them

superbe superb

superflu superfluous

supérieur upper

supériorité *f.* superiority

suppliant supplicating, entreating

supplier to beg, beseech, entreat

supposer to conjecture, suppose

supprimer to do away with

suprême last

sur on, upon, on to, over, in, toward

sûr sure; bien — (que) *see* bien

surchargé overloaded

sûrement surely, certainly

surgir to rise up

surprendre to surprise; catch

surpris surprised

surprise *f.* surprise

sursaut *m.* start

sursauter to give a start

surtout especially

surveiller to watch

survenir to come up, supervene

suspect suspicious

suspendre to suspend, stop; se —
suspend oneself
suspension *f.* ceiling lamp, hang-
ing lamp
sympathie *f.* sympathy, fellow-
feeling

T

table *f.* table; — de chevet bed-
side table
tableau, -x *m.* picture, painting
tablier *m.* apron
taché stained, spotted
taille *f.* waist; stature, size, figure,
body
tailleur *m.* suit
taire: se — to be silent, become
silent
talon *m.* heel; tourner les —s *see*
tourner
tampon-buvard *m.* blotting pad,
hand blotter
tandis que whereas; while
tant so, so much, such; as much;
— mieux all the better; — que
as long as
tapage *m.* noise, racket
tape *f.* tap, slap
tapis *m.* carpet, rug, cloth
tard late
tas *m.* heap; lot
tassé compressed; — sur elle-
même huddled
tasser: se — to huddle
tâter to feel
teinte *f.* shade, tinge
tel, -le such
téléphone *m.* telephone

téléphoner to telephone
téléphonique telephonic; appareil
— *see* appareil; cabine — *see*
cabine
tellement so much, so
témoin *m.* witness
tempe *f.* temple
temps *m.* time; — d'arrêt; *see*
arrêt; à — in time; de — en —
occasionally; en même — at the
same time; all together; le —
de long enough to
tendre tender
tendre to stretch, stretch out, hold
out; hand; — un piège set a
trap
tendrement tenderly
tendresse *f.* tenderness
tendu strained, tense; clenched
tenez! *see* tiens!
tenir to hold; hold good; — à be
bent on; value, prize; — en
main have under control; — le
coup stand the gaff; se — take
place, be; hold oneself, stand,
remain; se — les mains hold
each other's hands; se — par la
main hold each other's hands;
se — tranquille keep quiet
tentative *f.* attempt
tenter to try
tenue *f.* dress; — de cheval riding
habit
terminer to finish, terminate
terrasse *f.* terrace; pavement in
front of a café, filled with
tables and chairs
terre *f.* earth, ground; world;
à — to the ground; par — on

the ground, on the floor; sur — to the world

terreur *f.* terror

terrifié terrified

terrorisé terrorized

tête *f.* head; — basse *see* bas; branler la — *see* branler; en — at the head

thé *m.* tea

théâtral, -e, -aux, -ales theatrical

tiens! *or* tenez! well!, look here!

timbre *m.* inflection; sans — toneless

timide timid, shy

timidement timidly

timidité *f.* timidity

tintement *m.* ringing

tinter to ring

tirer to draw, draw back; take; pull; shoot, fire; — à blanc fire a blank cartridge; — de draw out of; — la porte shut the door; — sur fire on; te — dessus shoot at you; tiré à quatre épingles *see* épingle; se — (*pop.*) beat it

tiroir *m.* drawer

tohu-bohu *m.* hubbub

toile *f.* cloth

toilette *f.* toilet, dress; cabinet de — *see* cabinet

toiser to examine, eye from head to foot

toit *m.* roof

tombant falling, declining

tombeau *m.* grave, tomb

tomber to fall; subside, die out; laisser — drop a matter

ton *m.* tone; voice; changer de — to change one's tone (voice)

torpeur *f.* torpor

torse *m.* torso; chest

tort *m.* wrong; avoir — to be wrong

tôt soon

total complete, total

toucher to touch; draw (*money*), be paid; — à touch

toujours always, still; anyway; lire — to continue reading

tour *m.* turn; — à — one after the other; à son — in his (her) turn; faire le — de to go around, look over

tourmenté harassed, distressed

tourner to turn; whirl, revolve; circle; — les talons turn on one's heels; avoir la tête qui tourne have one's head in a whirl; se — turn

tousser to cough

tout, toute, *pl.* tous, toutes all; — le monde *see* monde; — le temps plenty of time; à —es pédales *see* pédale; de —e façon *see* façon; tous (les) deux both of them; tous les jours *see* jour

tout *m.* whole, all; everyone, everything; (pas) du — not at all; rien du — *see* rien

tout (*adv.*) entirely, all, very; — à coup suddenly; — à fait entirely, absolutely; — à l'heure *see* heure; — aussitôt immediately; — contre right next to; — de même *see* même; — de suite immediately; — en (*fol.*

by part.) all while, while; —
seul of (by) itself; à — à
l'heure *see* heure
toutefois however
trace *f.* track, trail; trace; footstep
traduire: se — to be translated,
express itself
trahir to betray
train *m.* pace; en — de in the act
of
traîner to drag, draw
trait *m.* gulp, swallow
traiter to treat
traître *m.* traitor
tranquille calm, tranquil, quiet;
at ease; laisser — to leave alone
tranquillement tranquilly, calmly
transformé transformed
trapéziste *m.* trapezist
traqué hunted
travail, -aux *m.* work; travaux en
cours *see* cours
travailler to work
travers *m.* breadth; à — through,
across; en — across, cross-wise
traverser to cross
tremblant trembling
trentaine *f.* about thirty
trente-cinq thirty-five
très very
tressaillir to give a start
tricorne *m.* three-cornered hat
tricoter to knit
trinquer to clink glasses
triomphant triumphant
triomphe *m.* triumph
triste sad; dreary
tristement sadly
tristesse *f.* sadness

trois three
troisième third; — (étage) fourth
floor
tromper to deceive; be unfaithful
to; se — make a mistake, be
mistaken
trop too, very; de — superfluous
trottoir *m.* sidewalk
troublé moved, perturbed, agitated
troubler to disturb; se — be disconcerted, become disconcerted
trouer to perforate
troupe *f.* troop
trousseau *m.* bunch (*of keys*)
trouver to find; think, think so,
deem, consider; aller — go to
fetch; se — be, find oneself
tué *m.* (person) killed
tuer to kill; se faire — let oneself
be killed
tumulte *m.* tumult, uproar
tunique *f.* tunic
tutoyer to address with the familiar form of the verb
tuyau *m.* pipe
type *m.* type; (*fam.*) chap, guy;
pauvre — poor chap, sorry individual

U

un a, an; one; douter l'— de
l'autre doubt each other; l'—
one; l'— d'eux one of them;
l'— et l'autre each other; les
—s some; les —s après les autres one after another
uniforme *m.* uniform

unique unique, only

unir to unite, join

usé worn, threadbare, worn out

usine *f.* factory

usurpateur *m.* usurper

V

vacances *f. pl.* vacation

vacant vacant, empty

vacarme *m.* uproar, tumult, noise

vache *f.* cow; java — *see* java

vaciller to waver; reel

vague *m.* space, empty space

vaguement vaguely

vaincu *m.* vanquished

vainqueur *m.* victor

valet *m.* footman, valet; — de chambre valet

valoir to be worth; — la peine be worth while; — mieux be better

valse-musette *f.* popular waltz (musette bagpipe)

vase *m.* vase

vasistas *m.* small aperture in a door

vaste vast, great, spacious

véhémence *f.* vehemence, violence

veille *f.* day before; la — au soir the evening before

veiller to watch over

vélo *m.* (*fam., short for* vélocipède) bike, bicycle

velours *m.* velvet

vendre to sell; betray; se — sell oneself, betray oneself

vendu *m.* one who has sold oneself, traitor

venir to come; — de (*fol. by inf.*) have just

vent *m.* wind; coup de — *see* coup

venu (*part.*) come; dernier — the last comer; nouveau — newcomer

vérifier to verify

verni *m.* varnish, glaze

verre *m.* glass; water glass

vers toward, in the direction of

verser to pour

vert green; vigorous (*of old age*)

vestibule *m.* hall

veston *m.* coat; — bordé *see* bordé; — d'intérieur house jacket

vêtir: se — to put on one's clothes

vêtu dressed, clothed

vétuste decrepit

veule weak, powerless

vexer: se — to become annoyed

vidange *m.* draining; tuyau de descente de — sewer pipe (*in a house*)

vide empty

vide *m.* empty space, space

vidé emptied, empty

vider to empty; se — become empty

vie *f.* life; living, livelihood

vieillard *m.* old man

vieux, vieil, vieille, *pl.* vieux, vieilles old

vieux *m.* old man; mon — old chap

vif, -ve quick

vigoureusement vigorously, energetically

villa *f.* cottage, country house

ville *f.* city

vin *m.* wine

vingt twenty

vingtaine *f.* about twenty

vingt-quatre twenty-four

violemment violently

violence *f.* violence; avec — passionately

visage *m.* face; aspect; changer de — to change countenance, turn pale

viser to aim at

visible evident, visible

visière *f.* visor

visite *f.* visit; visitor, caller; l'air en — the air of being a visitor

vite quickly; au plus — as quickly as possible

vitesse *f.* speed; à toute — at full speed

vitre *f.* window pane, glass

vitré glass (*of doors*), glassed in

vitrine *f.* shop window; glass cabinet

vivant living, alive

vivant *m.* living (being); lifetime; de son — in his lifetime

vivement quickly, sharply

vivre to live, live through, endure

voeu, -x *m.* vow; *pl.* good wishes

voici here is, here are; here it is

voie *f.* way, road, street

voilà there is, there are, here is, here are; there (here) it is; —! there it is!, and so you have it!; and so; nous y — here we are; vous — here you are

voile *m.* veil; sans — openly

voir to see; — faire *see* faire; le — pendre see him hung; rien à — là-dedans nothing to do with the matter; voyons! come now!; se — see oneself, see each other; se faire — *see* faire

voisin adjacent

voisin *m.* neighbor

voiture *f.* carriage; car, automobile; — d'enfant baby carriage; — de quatre saisons *see* saison

voix *f.* voice; à — basse in a low voice

vol *m.* flight; au — on the fly

volée *f.* flight; à — with a full swing

voler to fly; — en éclats fly into bits

voler to rob, steal

volet *m.* shutter

voleur *m.* thief, robber; au —! stop thief!

volonté *f.* wish; willpower; à — at will

vôtre yours; être des —s *see* être

vouloir to wish, will, want, like, have a fancy; try; expect, think; — bien be willing; — dire mean; qui veux-tu que ce soit? whom do you expect (think) it to be?; veuillez (*fol. by inf.*) please; voulez-vous de moi pour guide? do you wish me as a guide?

vouter: se — to become bent, become stooped

voyou *m.* young blackguard, cad, rowdy

vrai true; real; — de — (*colloq.*) really true

vraiment really

vue *f.* sight; à sa — at sight of him; point de — point of view

vulgaire common, vulgar

W-Y-Z

wagonnet *m.* small truck, small cart (*pushed by hand*)

y there, here, in it, in them; about it; il — a *see* avoir

yeux *see* oeil

zèle *m.* zeal, ardor

zone *f.* outskirts of Paris